Educare Senza Urlare

Universo Infanzia

UNIVERSO INFANZIA

Indice

Introduzione

"Se vorrai che tuo figlio cammini onorevolmente attraverso il mondo, non devi sgombrare il suo cammino dalle pietre, ma insegnargli a camminare stabilmente sopra di esse. Non insistere a guidarlo prendendolo per mano, ma permettigli di imparare ad andare da solo" - *Anne Brontë*

«Sì, ma quando ci vuole, ci vuole!»

La signora mi interrompe prima ancora di sollevare la mano per chiedere la parola. «Lei ha ragione – ci mancherebbe altro – ma senza punizioni non si va da nessuna parte. Mio figlio è *terribile*. Le assicuro che con i suoi metodi non riusciremmo a vivere serenamente. Ci può giurare!» - conclude. Nella sala conferenze di un piccolo comune piemontese anche altri due genitori, due padri sulla trentina se la memoria non mi inganna, manifestano solidarietà nei confronti della mia interlocutrice.

«Beh, ha ragione, no?» - domanda uno di loro con un filo di voce, guardandosi attorno con aria confusa.

Sono stata invitata a un convegno sull'educazione dei minori.

«Il suo intervento sarà illuminante...» - mi aveva rassicurato, qualche mese prima, un consigliere comunale dall'*aria* affabile. In realtà, come avrai intuito, *l'aria* all'interno dell'aula riservata ai seminari si era rivelata più che altro... *scoppiettante!*

«Un po' di sberle non guastano, secondo me» - sento bofonchiare nelle ultime file. «Noi siamo cresciuti così e abbiamo imparato l'ordine e il rispetto per gli adulti a suon di ceffoni» - continua una voce maschile che non riesco a localizzare. Ricordo di essermi sistemata gli occhiali, contando fino a tre prima di rispondere.

1, mantieni la calma.

2, sii professionale.

3, ricorda la tua missione: sei qui per *educare* genitori alle prese con *l'educazione* infantile. È un argomento spinoso, non è affatto semplice e, soprattutto, *sbagliare è umano.*

La verità – come spesso accade – è più complessa di quel che si crede: dati alla mano, secondo i report pubblicati online dalla ONG *Save the Children*, il 57% dei genitori italiani ritiene che pacche e ceffoni abbiano una valenza formativa.

Mi chiedo, ti chiedo: è davvero possibile liberarsi una volta per tutte di queste convinzioni limitanti? Esiste una strada alternativa alle urla, alle punizioni corporali, alla completa assenza di pace domestica, al bisogno incessante di sanzionare gli errori dei figli con ricatti e mortificazioni? Il bambino sgridato, l'adolescente umiliato, il figlio non compreso acquisisce nel lungo periodo un'immagine distorta di sé. Finisce infatti per credere di *meritare* grida, rimproveri e sensi di colpa. Non trova gli strumenti per coltivare l'autostima e nutrire i talenti che custodisce nelle profondità del suo mondo interiore. Al contempo, il timore di comunicare apertamente tra le quattro mura domestiche danneggia quel rapporto ideale e idilliaco che molti genitori sognano di avere con i pargoli.

Ed ecco che, in seduta da oltre sette anni, accolgo decine e decine di neomamme e neopapà che lamentano problemi assai comuni: «Mia figlia non si fida di me, non mi dice mai tutta la verità» o ancora «Non riesco a farmi comprendere da mio figlio. Evita le mie domande e si chiude sempre in un silenzio ostinato. È come un muro!».

Perché?

Perché un bambino, in una delicatissima fase di sviluppo, dovrebbe stabilire di allontanarsi emotivamente dai genitori – innegabili punti di riferimento – se non a causa di una loro evidente *incapacità di gestire i conflitti familiari* e di stabilire regole e strategie formative *ad hoc*?

Mio caro lettore, mia cara lettrice, il manuale che stringi tra le mani è il risultato di una lunga, lunghissima riflessione. Intende proporti strategie educative <u>realmente</u> efficaci, valide alternative al «*Quando ci vuole, ci vuole!*» impiegato, ahimè, da tantissimi tutori alle prime armi. Perché la verità è che *litigare è un bene*, confrontarsi è importante, ascoltare e comprendere le motivazioni di un figlio è la base di un qualsiasi *rapporto adulto-bambino* basato su fiducia e stima reciproca.

Tuttavia, lungi da me banalizzare le difficoltà affrontate quotidianamente da mamme e da papà alle prese con figli ribelli e iperattivi. In una società, quella occidentale, sempre più incalzante, nevrotica e devota al mito della produttività – costi quel che costi - si rende necessario risolvere i problemi familiari in *quattro e quattr'otto*. Ma sul più bello - esausti e con gli occhi cerchiati di nero dopo otto ore di lavoro, una fila infinita alle casse del supermercato, una guida selvaggia nella giungla metropolitana e un appuntamento dal parrucchiere in ritardo di mezz'ora – ci scontriamo, infine, coi capricci di un figlio.

«Non voglio andare via dal parco! Altri cinque minuti!».

Ed è in quel momento che perdiamo la calma, reagiamo d'istinto e diamo sfogo alla rabbia repressa accumulata in noi. La granata inesplosa detona in tutta la sua violenza emotiva. Ci sentiamo frustrati, incompresi, trattati con scarsa, *scarsissima* considerazione. «Possibile che devi complicare sempre tutto?» - e via di scapaccioni. Queste scene *(scenate?)* di ordinaria genitorialità sono dannosissime per l'equilibrio psichico del bimbo e devono essere evitate. O per meglio dire, sostituite.

La regola numero uno, cuore pulsante del mio primo libro sul tema dell'educazione infantile, è desunta dalla saggezza latina: *in medio stat virtus*, la virtù sta nel mezzo. E non potrebbe essere altrimenti: il genitore con la G maiuscola è in grado di *contenere* i capricci e le crisi emotive del bambino senza eccessi: no a pacche e ceffoni, no a pratiche troppo «morbide» - come la strana e deleteria abitudine di lasciar dormire un figlio nel lettone dei genitori fino a 7-8 anni di età.

Per migliorare la comunicazione e la routine quotidiana nei più diversi ambiti, lavorando come una squadra, è importante: **A)** debellare le regole educative apprese dalle vecchie generazioni. *Il passato è passato.* È tempo di lasciarsi alle spalle punizioni corporali e grida sguaiate – purché non si cada nell'errore di sostituire tali pratiche barbariche con un'eccessiva dose di accondiscendenza. Inoltre, **B)** si rende necessario difendersi dalle bufale e dalle fake news che circolano sul web. Meglio tenersi alla larga dal «metodo Tizio» o dal «protocollo Caio» sponsorizzati su Facebook al solo scopo di lucrare sul tema prioritario della formazione infantile prima, adolescenziale poi.

Formare gli adulti del domani è compito arduo. Gli ostacoli sono apparentemente insormontabili, difficili da arginare senza l'aiuto di una voce esperta, rincuorante e *amica*. È questo il motivo principale per il quale mi sono seduta alla scrivania con l'intento di condividere con te aneddoti, esercizi pratici, suggerimenti e modelli comportamentali vincenti.

Mi auguro che il nostro viaggio alla scoperta dello sviluppo infantile sia il punto di partenza da cui sostituire il «*Quando ci vuole, ci vuole!*» con strategie di comprensione e di ascolto da *110 e Lode*.

Per citare le parole di Robert Baden-Powell: *"La prima cosa per riuscire nell'educazione è di sapere qualche cosa sui ragazzi in genere e poi sul vostro ragazzo in particolare"*. Il libro che stringi tra le mani ti fornirà il primo tassello del puzzle; il secondo, ne sono certa, lo scoprirai guardando tuo figlio negli occhi, giorno dopo giorno.

Ti auguro una piacevole permanenza tra le pagine di questo manuale,

Giada Fiore

Ti auguro una piacevole permanenza tra le pagine di questo manuale,

Giada Fiore

La (breve) storia dell'educazione infantile
Dal passato al presente

Ah, ci sono miti duri a morire: l'epoca del «padre-padrone» ha instillato nella mente dei neogenitori l'errata convinzione d'intervenire sui comportamenti scorretti dei figli con tenaci sculacciate, vibranti ceffoni e una manciata di minacce *evergreen* – in stile: «Lo fai o con le buone o con le cattive», tramandate di generazione in generazione. Qualche mese prima della scrittura del libro che stringi tra le mani, accolsi in studio una giovane mamma alle prese con i capricci della figlia di otto anni, a sua detta «... del tutto ingestibili. Fa così tanto rumore che il padrone di casa ha minacciato di cacciarmi». Per comprendere il background della famiglia, le chiesi di raccontarmi un episodio vivido della sua infanzia, piacevole o spiacevole poco importava. La mia interlocutrice non esitò: narrò immediatamente di quella volta in cui, nel Natale del 197* (il lettore mi perdonerà, non ricordo con esattezza), il padre l'avesse minacciata con la cinghia a causa di un piccolo incidente avvenuto in cucina, poco prima dell'arrivo degli ospiti. «Credo avessi rovesciato qualcosa, oppure rotto un calice di vino. Difficile dirlo, ma...» - s'interruppe. «Ho ancora in mente il terrore e l'angoscia provati quel giorno» - concluse. Genitori, insegnanti, zii, fratelli maggiori e addirittura preti in parrocchia: le punizioni corporali – quelle con strumenti fisici per intenderci – erano all'ordine del giorno, non molto tempo fa. E lo affermo con assoluta certezza non perché io abbia trascorso un'infanzia all'insegna di castighi coercitivi dei miei genitori, tutt'altro, ma perché – nel corso della mia lunga carriera di pedagogista e educatrice – ho incontrato centinaia e centinaia di adulti ancora traumatizzati dai maltrattamenti infantili.

E allora, per quale motivo facciamo così tanta fatica a liberarci dalle cattive prassi del passato?

A mio avviso, il motivo è da rintracciare nel *limbo di confusione* in cui sono relegati madri e padri moderni. Mettiamola così: *l'educazione* infantile è una questione di *organizzazione*. Come un viaggio on the road necessita di un itinerario da rispettare, *tappa dopo tappa*, così la maturazione dei nostri figli è un iter graduale di scoperte, abilità, talenti e difficoltà transitorie. Tuttavia, troppo spesso il neogenitore pecca di emotività e di iper-apprensione. Sono tantissimi gli adulti che si ostinano a mantenere una relazione morbosa, ossessiva e tossica coi propri bimbi, rimarcando costantemente la loro presenza e l'occhio vigile che veglia su di loro. Ne consegue che, in un rapporto di esasperazione reciproca, la minima difficoltà educativa viene affrontata con schiaffi e grida. Il genitore diventa vittima di paure infondate - «Perché mio figlio non mi rispetta? Forse non sono stato abbastanza *duro, bravo, presente* ecc.», o ancora «Per quale motivo il primogenito della mia amica non fa i capricci, mentre il mio si ostina a mettere a soqquadro la casa?» - paure che, a propria volta, inducono gli adulti a liberarsi delle emozioni negative nel più breve tempo possibile. Ed ecco che, nel tentativo di fare *qualcosa, qualsiasi* cosa pur di uscire dall'impasse, si relazionano ai propri figli in mancanza di una direzione educativa, urlando, punendo o menando le mani a destra e a manca.

Di contro, il genitore con la G maiuscola - quello che fa della consapevolezza il suo cavallo di battaglia - non si limita né a picchiare né a dilungarsi in discussioni futili o rimproveri infiniti. Non è un bene esserci

<u>sempre</u> (e male), non basta parlare razionalmente per risolvere i problemi dello sviluppo; è necessario organizzare un viaggio formativo *step by step* al fine di insegnare ai figli quali sono gli strumenti psichici necessari per una crescita felice. Mi preme ricondurre la tua attenzione su quest'aspetto per un motivo che reputo fondamentale: quando la situazione sfugge di mano, quando il/la bimbo/a si sente vittima di un accanimento familiare intollerabile, lui/lei si rende conto della frustrazione e dell'inettitudine dei genitori.

Un esempio?

Ricordo la vicenda di una giovanissima di 12 anni che, dopo una scenata in famiglia a causa di un brutto voto a scuola, si recò nel mio studio per confessarmi: «Sì, la mamma avrà fatto anche bene ad arrabbiarsi perché io non ho studiato tanto. Ma non è servito a molto: a me la matematica non piace, e ho preso un'insufficienza anche alla verifica dopo». Queste parole sono illuminanti: a 12 anni, la mia piccola (ma intelligentissima) paziente ha già compreso che la delusione e la tristezza di una madre iper-apprensiva sono inefficaci; non l'aiutano a migliorare, *anzi*. Trasformano la fase di apprendimento in un'esperienza ancora più spiacevole, traumatica e debilitante. I sensi di colpa che la genitrice ha suscitato nell'adolescente hanno avuto il solo risultato di intaccare negativamente la motivazione scolastica della figlia. *E a che pro, mi chiedo io?*

Non mancano episodi in cui i genitori perdono la pazienza a causa di giochi troppo rumorosi «perché poi i vicini chiamano la polizia», di un po' di sano relax davanti alla TV «perché ho letto che fa male ai bambini» o di un hobby necessario per sfogarsi «perché poi i miei figli tornano stanchi da danza/sport e non fanno i compiti per il giorno dopo». *Ahimè*, in dieci anni di carriera ne ho sentite di tutti i colori. Il genitore incapace di intraprendere un iter educativo chiaro e coerente instilla nel figlio la confusione più totale: *quali sono le azioni giuste, quali quelle sbagliate? Per* dirlo in maniera più elementare, *cos'è buono e cos'è cattivo?*

In assenza di trasparenza, i figli intuiscono che le reazioni genitoriali sono <u>arbitrarie e soggettive</u>. Di tanto in tanto, la mamma sarà più propensa a giustificare una marachella ma, chissà per quale motivo, il papà sarà meno tollerante. O ancora, una volta il figlio otterrà di giocare al parco insieme ai suoi compagni di scuola, mentre la volta successiva verrà sgridato perché «Non vedi che sono stanca? Oggi non ce la faccio, dovresti capirlo, no?»

E invece no.

L'unico mezzo per formare i bambini in maniera chiara consiste nel fornire risposte, norme comportamentali e regole di condotta operative, pratiche e applicate <u>sempre in modo coerente</u>. Inutile filosofeggiare, girarci attorno, chiacchierare di valori e qualità; fino all'età di 10 anni, i bambini sono governati da una forma di pensiero esecutivo, tangibile. Per insegnare una competenza, è sufficiente fornire dimostrazioni concrete – in stile: «Questa settimana <u>ti faccio vedere</u> come fare lo zaino per la scuola, dalla prossima te ne occupi tu. Va bene?».

Ricorda, la parola chiave è *semplicità*.

Le coordinate del tuo viaggio educativo in compagnia dell'ultimo arrivato in famiglia devono essere chiare e facilmente comprensibili.

Mio caro lettore, mia cara lettrice, con le mie parole non intendo suggerirti di mirare al titolo di *Mamma o Papà Migliore dell'Anno*.

Nossignore.

Il perfezionismo, in una famiglia, rischia di creare seri danni all'autostima e alla salute mentale dei figli. Ti suggerisco piuttosto di evitare le trappole emotive, stabilire la giusta distanza relazionale – evitando di modificare atteggiamenti e norme di comportamento senza un valido motivo - e, soprattutto, affrontare l'esperienza della crescita in team: impara a comunicare col tuo partner, stabilisci una **cornice educativa precisa** e cerca di comprendere quale schema cognitivo prevale in una data fase dello sviluppo infantile. Quest'aspetto, oggetto dei prossimi capitoli, ti permetterà di modulare la tua comunicazione a seconda delle strategie di pensiero adottate da tuo figlio in una data fase dello sviluppo.

Prima di lasciarti al prossimo paragrafo, voglio citare le brillanti parole di Silvia Vegetti Finzi, con le quali comprendere in quale direzione educativa procedere:

"Spesso gli aspetti del carattere che non sopportiamo in nostro figlio, sono quelli che meno accettiamo in noi stessi. Cercando di essere meno intransigenti con noi, diventeremo più tolleranti anche con lui. Disporsi ad accettare la sostanziale diversità del figlio è l'attitudine migliore per aiutarlo a prendere coscienza di sé, sviluppando le sue potenzialità in modo autonomo, senza doversi adeguare alle aspettative dei genitori anche quando contrastano profondamente con la sua indole" *(I bambini sono cambiati – La psicologia dei bambini dai cinque a dieci anni, 2009).*

Tre falsi miti sull'educazione infantile

Nel tentativo di fare chiarezza, voglio ricondurre la tua attenzione su tre false credenze che, all'interno di quella che amo definire la *mitologia pedagogica,* fanno molto parlare di sé. Mi riferisco a regole di condotta impossibili e inefficaci che, frutto di una visione distorta del rapporto genitore-figlio, rischiano di depistarti da quelle che sono le reali esigenze del tuo bimbo.

Cominciamo!

1 – Il dialogo è il Sacro Graal della felicità domestica

Falso, falsissimo. Sono anni che media, programmi TV e giornali promuovono un iter educativo basato sul cosiddetto *discussionismo.* Tuttavia, non è necessario essere pedagogisti affermati per comprendere che, passare ore a convincere un bambino di quattro anni che è giunto il momento di andare a letto, magari elencandogli i benefici di un corretto riposo sulla salute, è tutt'altro che una strategia vincente. In media, la soglia dell'attenzione di un bimbo di 3-4 anni è bassa, bassissima. Tutto quello che viene recepito è, immancabilmente, che la mamma e il papà sono prolissi, noiosi e complicati. Di conseguenza, il piccolino continua a intestardirsi sull'attività pratica che sta svolgendo (TV, giochini e libri, ad esempio), nel tentativo di colmare la défaillance educativa nel modo migliore possibile: quello che *lui* reputa divertente e appagante. L'idea di un'eterna «chiacchierata a quattr'occhi» per rinsaldare la relazione genitore-figlio è errata; dopotutto, che il legame sussista nessuno lo mette in dubbio. In famiglia si condividono lo stesso tetto, le stesse problematiche, le stesse attività quotidiane. Non è affatto necessario <u>imporre il dialogo a tutti i costi</u>, quantomeno prima della fase adolescenziale vera e propria.

La soluzione?

Adottare una strategia educativa da 110 e Lode a seconda dell'età di tuo figlio: nella prima infanzia, quando il neonato è flessibile e più morbido caratterialmente, via libera a spiegazioni pratiche, chiare e semplici da replicare. «I dentini si lavano così», «I giocattoli si mettono in ordine qui» o ancora «A tavola si mangia in questo modo» e così via. Nella fase più critica della preadolescenza, invece, è importante che il bimbo si distacchi gradualmente dall'iper-affettuosità materna e si rivolga alla figura più rigida del padre. Quest'ultimo, senza imporre ordini contorti e cervellotici, dovrebbe occuparsi delle paghette, degli orari di ingresso e di uscita, e degli acquisti per la scuola o il tempo libero. Tale approccio permetterà al ragazzo di compiere i primi passi *fuori dal nido* in completa autonomia, senza escludere la madre dalle faccende educative. I due tutori sono chiamati a confrontarsi, confidarsi e aprirsi al dialogo, ma senza riempire il figlio di «bla, bla» insignificanti.

Rigore, praticità e semplicità.

I ragazzi sono svegli e dotati di un ottimo intuito; non farti rallentare dalla *smania dialogica!*

2 – Il controllo è sinonimo di sicurezza

Beh, falso. Qualche anno fa, ho seguito il caso di una mamma single con due gemellini in evidente stato di apprensione educativa. Un giorno, arrivò in studio con aria trafelata e mi raccontò subito con gli occhi lucidi di essere stata accusata di «essere una madre degenerata! M. stava giocando sullo scivolo quando a un certo punto si mette a litigare con un altro ragazzino. Il mio gli ha tirato un calcio e l'altro si è messo a piangere. La mamma è arrivata come una furia, gridandomi di fare più attenzione e di controllare il mio M. più da vicino se è un ragazzino manesco. È accaduto tutto in una frazione di secondo, cosa avrei dovuto fare?».

Ora, anche questo falso mito ha un impatto *negativissimo* sullo sviluppo interpersonale di un bimbo. Piuttosto che abituare gli *adulti del domani* a gestire i conflitti e a normalizzare le divergenze, i neogenitori cadono nell'errore di condannare i litigi. Altrettanto deleterie sono le note scolastiche che, di fronte alla minima ribellione in classe, coinvolgono i genitori e ingigantiscono una normale propensione evolutiva del bimbo.

Insomma, ha davvero senso rimarcare il fatto che «L. ha voluto giocare tutto il giorno, senza aprire libro» oppure che «I due compagni di banco C. e T. hanno litigato durante la verifica di matematica», incolpando i genitori di un evento accaduto a scuola e, per giunta, in modo del tutto normale? Come se noi adulti non fossimo responsabili di episodi simili con i nostri colleghi d'ufficio, in famiglia o nei confronti di qualche sconosciuto impertinente in fila allo sportello della banca!

Ancora una volta, la regola aurea consiste nel <u>dimostrare in maniera pratica</u> come risolvere il conflitto: «M., ti farebbe piacere se il tuo amichetto ti tirasse un calcio? No? Ecco, ora lui piange perché si è spaventato e si è fatto male. Anche tu avresti fatto lo stesso. Perché non vai a chiedergli scusa e poi troviamo tutti insieme un modo per divertirci?».

3 – I figli devono essere tutt'orecchi, sempre.
Concludiamo questa fiera di luoghi comuni e falsi miti pedagogici con la convinzione più dura a morire: *l'ascolto*. «I bambini ti devono ascoltare!», «Mio figlio non mi ascolta mai» o ancora «Mi vuoi ascoltare una buona volta? Stacca gli occhi da quella PlayStation!»: di frasi del genere, inutile negarlo, ne vengono pronunciate a bizzeffe. Ora, ti assicuro che nessun bimbo di tre anni (e molti adulti che ho conosciuto nella mia vita) sono in grado di interiorizzare le parole di qualcun altro, comprendere eventuali

errori e trarne conclusioni. Non puoi pretenderlo. Il cervello di tuo figlio è come *plastilina* da modellare. Per riuscire nell'intento devi servirti del potere creativo delle mani, non dell'uso astratto e un po' filosofeggiante della parola. Le capacità di comprensione dell'ultimo arrivato in famiglia sono *esecutive*. E non mi stancherò mai di ripeterlo: per raggiungere un buon progresso formativo, devi collocare tuo figlio <u>fisicamente</u> all'interno della situazione sulla quale vuoi intervenire, spiegandogli in maniera pratica come cavarsela da solo.

I tanti «*Zitto!*», «*Dormi!*», «*Mangia!*», «*Studia!*» e «*Stai fermo!*» scatenano nei tuoi piccoli interlocutori due stimoli diversi: **A)** la paura, **B)** la ribellione. Di contro, le spiegazioni sono rincuoranti perché hanno il vantaggio di instillare sicurezza, lavorare sull'autostima, allenare lo spirito di collaborazione, apprendere nuove abilità e celebrare i successi. *Insieme.*

Se il papà dice una cosa e la mamma ne urla un'altra, è del tutto fisiologico che la mente del bimbo si paralizzi. Tuo figlio entra in un loop negativo, si sente invadere da emozioni spiacevoli e finisce per scoppiare in lacrime, arrabbiarsi o fare i capricci.

Ti chiedo altri due minuti della tua attenzione: la prossima volta che il ragazzo si oppone alle tue richieste, domandati non come fornirgli spiegazioni adeguate, bensì come <u>organizzare la giornata</u> in modo tale che lui agisca in maniera corretta.

Un esempio?

Immagina di essere in ritardo. Vuoi che il bimbo si vesta dopo un'abbondante colazione, ma senza fare i capricci. Hai già i nervi a fior di pelle! Ebbene, è inutile farti prendere dal panico la mattina stessa a mezz'ora dal tuo appuntamento. Potresti cominciare con la preparazione dei vestiti per il giorno seguente già dalla sera prima, coinvolgendo il ragazzo in maniera propositiva. Subito dopo, tra uno scherzo e l'altro, imbandite insieme il tavolo della colazione, prendete insieme i cereali, sistemate in cucina due tovagliette colorate – *magari quelle del cartone animato che ama guardare in TV!* In questo modo, lascerai nella sua mente delle tracce tangibili, *non solo teoriche.* Ecco cosa intendo con la parola *organizzazione*: una forma di ordine pratico, immediato e semplice da comprendere anche in una fase dello sviluppo in cui la soglia dell'attenzione è bassa, ma la voglia di divertirsi altissima.

Tuo figlio non è capriccioso per natura, non è un rompiscatole nel DNA: le sue lamentele ti invitano a essere diretto, non ripetitivo fino allo sfinimento. *Il buon esempio vale più di mille parole!*

Consiglio extra: una buona pratica familiare, molto utile per tenere a freno l'ira del piccolo, prevede la creazione di un «cestino delle emozioni cattive» - come l'ha soprannominato l'instancabile figlia di una mia paziente. Secondo la mia esperienza, è un valido strumento formativo per bambini con età compresa tra i 4 e i 10 anni. Quello che devi fare è collocare all'ingresso, in cucina o in salotto una scatola, un salvadanaio o una piccola cassettina in cui i tuoi figli si sentano liberi di inserire le emozioni negative provate nelle quattro mura domestiche. Il mio consiglio è di rendere la personalizzazione del cestino un momento magico e divertente, così che i bimbi si sentano legati affettivamente alla loro opera d'arte *scaccia-rabbia*. Il bambino può quindi disegnare o scrivere su un foglietto di carta la sua rabbia o il motivo dell'arrabbiatura, buttare il suo *capolavoro* nel contenitore e dimenticarsene (almeno per un po'). Per quanto semplice, l'idea in questione racchiude un inestimabile valore maieutico: aiuta tuo figlio a condividere le emozioni, dà voce ai pensieri che gli frullano per la testa e consente di comprendere l'importanza di disinnescare l'ira. Il rituale del cesto delle emozioni negative può riguardare anche i genitori, così da trasformare la comunicazione (pratica) in un gioco che coinvolge grandi e piccini. *Provare per credere!*

Nuovi orizzonti pedagogici

Una guida dalla A alla Z sui più efficaci orientamenti educativi moderni

Metodo *montessoriano, danese e positivo.* Se ne sente parlare tanto, *spesso a sproposito.* Nella stragrande maggioranza dei casi, i genitori commettono l'errore di adottare un iter formativo *«per partito preso»*, magari perché «la mia migliore amica ha letto tutti i libri della Montessori e i suoi bambini sono degli angioletti». In realtà, come spesso accade, la questione educativa è più complessa e delicata. Insegnanti, tutori e pedagogisti procedono su un terreno *scivolosissimo.*

Dunque, la domanda sorge spontanea: quali sono le informazioni che i neogenitori devono considerare prima di organizzare adeguatamente il viaggio che conduce alla maturità e allo sviluppo?

E soprattutto, in che modo i grandi nomi del passato aiutano a *dire bye bye* a qualche punizione di troppo?

Ora, prima di condividere con te le pillole pratiche e teoriche dei tre indirizzi educativi summenzionati, permettimi di chiarire due aspetti di fondamentale importanza: il primo riguarda l'immaturità del tuo piccolo interlocutore, il secondo il ruolo dell'assertività.

Cominciamo!

L'immaturità dei bambini è la loro più grande risorsa

I neuroscienziati hanno analizzato il cervello di bambini e adulti *da ogni angolazione*, appurando un fatto assai curioso: rispetto allo standard degli altri esseri viventi, l'encefalo umano rimane plastico e mutevole per un periodo di tempo straordinariamente superiore alla media. Nei primi venticinque anni di età siamo liberi di apprendere, sperimentare, creare, scoprire e anche fallire, modificando attivamente la nostra mappa neuronale. Altrettanto curioso è il lungo periodo di gestazione: i nove mesi sono del tutto insufficienti a formare un esemplare in grado di badare a sé stesso. A differenza degli altri mammiferi, i *cuccioli d'uomo* nascono inermi e incapaci di provvedere alla propria sussistenza. Anni e anni di ricerche hanno messo a dura prova gli evoluzionisti più celebri al mondo. Si è così scoperto che la posizione eretta gioca un ruolo marginale nella caratterizzazione del neonato. L'aspetto realmente interessante risiede, piuttosto, nella conformazione cerebrale. La nascita «anticipata» fornirebbe all'essere umano lo sprint necessario per continuare a imparare nuove skills anche in età matura. Inoltre, è stato appurato quanto il consumo energetico di un encefalo infantile sia tale da entrare in conflitto con il metabolismo dell'organismo ospitante - quello della madre[1] . Ecco spiegato il motivo per cui il parto è, rispetto a quello degli altri animali, *prematuro*. Basti pensare che a soli 4 anni il consumo energetico del cervello raggiunge l'apice, con un dispendio pari al 66% delle energie necessarie al sostentamento dell'intero organismo infantile. Sul versante pratico, i bambini hanno bisogno di più tempo per imparare a causa di una scarsa maturità cerebrale ma, al contempo, il deficit in questione è l'elemento che consente loro di <u>apprendere più competenze simultaneamente</u>. La plasticità neuronale, ovvero l'abilità del

---

1. Fonte: H.M. DUNSWORTH, ET. AL., Metabolic Hypothesis for Human Altriciality, «PNAS», vol. 109, n. 38, pp. 15212-15216.

sistema nervoso di modificare i propri circuiti nel corso della vita, dà una marcia in più agli adulti del domani.

In aggiunta, i report neuroscientifici consigliano di migliorare l'educazione dei giovani in maniera graduale. Di frequente, infatti, tendiamo a comportarci in maniera iperprotettiva e comprensiva con i neonati a causa della loro sostanziale fragilità. Tuttavia, in virtù della neuroplasticità, non dovremmo essere troppo intransigenti anche con i bambini e con gli adolescenti. Le sfide dello sviluppo, per quanto diverse, mettono tutti a dura prova. Quando accolgo in studio neomamme e neopapà che sbuffano: *«Mi fa davvero esasperare! Glielo ripeto mille volte, ma non c'è niente da fare!»*, rispondo sempre che il bimbo non è che non vuole capire, ma semplicemente *non ce la fa*. Ha bisogno di tempo, di un approccio più pratico e, soprattutto, dell'asso nella manica di qualsiasi genitore con la G maiuscola: **l'assertività**.

L'assertività e le tre best-practices per gestire un «bambino tirannico»

Nell'immaginario collettivo, nel momento in cui consiglio ai miei pazienti di comunicare in maniera più assertiva, si fantastica su una figura autoritaria, carismatica e capace di farsi rispettare. *Sempre e comunque.* Mi dispiace deludere le tue aspettative, ma non è così: l'assertività è la capacità di comunicare in maniera gentile, ma ferma; comprensiva, ma persuasiva; dolce, ma efficace. L'obiettivo? Evitare di ferire i nostri interlocutori e, al contempo, non essere schiacciati dai capricci e dalle opinioni altrui.

Facciamo un esempio.

Al termine di una conferenza sul tema dell'educazione positiva, si avvicina una mamma alla ricerca di chiarimenti. Mi rivela con un po' di imbarazzo che suo figlio appartiene alla categoria dei «*bambini tirannici*», piccole pesti difficilissime da gestire in grado di comandare i genitori a bacchetta. «Eppure, ho sempre cercato di dargli quel che non ho mai ricevuto dai miei genitori...» - mi rivela, facendomi capire di utilizzare metodi molto morbidi e accomodanti. Per quanto la sua affermazione sia lodevole – dopotutto, non è forse questo l'obiettivo di un genitore? *Assicurare ai figli il massimo grado di felicità e di benessere?* – il problema risiede nella comparsa di un **cortocircuito formativo**. Immagina la scena: la neomamma chiede al figlio di spegnere la TV perché la cena è pronta, e lui le chiede – o per meglio dire, *le ordina* – di portargliela in salotto. Lei, per tutta risposta, lo accontenta. Invece di affrontare i capricci del bimbo e consumare un pasto tutti insieme, anche a costo di battibeccare, prende la via dell'isolamento e del silenzio. Ora, qual è la ragione che provoca episodi di aggressività, ansia e tensione? In linea generale, un figlio a cui mancano gli opportuni **argini comportamentali** non sa come gestire i propri desideri e le proprie pulsioni. In altri termini, non decifra i segnali della sua vita interiore e non risponde in maniera adeguata agli stimoli esterni. Il silenzio di una madre o di un padre è una <u>delega decisionale</u> che il bimbo, per ovvi motivi, non riesce a tollerare. Prima dei dieci anni di età, infatti, i piccoli modificano la loro condotta a seconda del modello genitoriale. La loro *psicoevoluzione* è collegata a doppio filo all'attitudine caratteriale dei tutori. Di conseguenza, un figlio chiamato a tiranneggiare la famiglia a causa di un'inefficace organizzazione educativa, *ahimè*, è un figlio che soffre. Il bambino *non vuole* vestire i panni di tiranno, il bambino vuole essere un bambino e basta.

La domanda è lecita: come rimediare? È davvero possibile cambiare rotta dopo anni di soprusi e fraintendimenti? La risposta è: *sì, assolutamente.* Proprio in virtù della <u>neuroplasticità</u> umana, il genitore troppo accondiscendente ha tutto il diritto di rimediare agli errori commessi in passato. *Anzi, deve farlo!*

Per riuscire nell'intento, è necessario allenare l'<u>assertività</u>:

- **Non essere servizievole,** ma giustifica le tue richieste in maniera chiara e pragmatica. Ricorda di non sostituirti al bambino in tutte quelle attività domestiche adatte alla sua età: lavarsi i dentini, vestirsi, fare la cartella per il giorno seguente, tagliare la frutta e la verdura dai 4 anni di età in poi ecc. Il rischio che si corre è quello di crescere un figlio paralizzato al di fuori della zona di comfort domestica, incapace di andare in bagno in autonomia o di lavarsi le mani quando è a scuola o in palestra. *E ti assicuro che questi esempi non sono frutto della mia fantasia...*

- **Non anticipare i bisogni di tuo figlio.** Mi rivolgo a tutti quei neogenitori che, per assicurare felicità e benessere al bambino, lo tartassano di proposte, regali, attività, prelibatezze e progetti. In altri termini, appagano le sue richieste prima ancora che lui abbia il tempo di maturare un desiderio, di capire *cosa vuole* e *perché.* L'esempio lampante è il papà che, dopo la partita di calcetto o all'uscita da scuola, inonda suo figlio con stimoli sensoriali a catena: «Andiamo a comprare le figurine in edicola? Vuoi il gelato? Che dici se ci fermiamo in pizzeria e mangiamo insieme? E se andassimo a salutare il tuo cuginetto?» e così via, come un fiume in piena. O ancora, invece di preparare al bimbo una merendina normale, la mamma gli offre una quantità spropositata di snack. Sottovalutando l'importanza dell'appetito, cioè del *desiderio di mangiare*, si finisce per anticipare un bisogno primario e per inibire l'autonomia del piccolo interlocutore. Non farti prendere dall'ansia di non fare/essere mai abbastanza, perché questa percezione negativa è di frequente associata al vissuto del genitore e non alle reali richieste del figlio.

- Infine, come accennato nelle pagine precedenti, **limita al minimo la delega decisionale**. Ricordo due genitori «vittime» di un bimbo tirannico che, arrivati in studio, mi rivelarono di volere un altro figlio. «Abbiamo chiesto al nostro V. se sarebbe felice di avere un fratellino o una sorellina, ma lui ha urlato di no e ha iniziato a fare i suoi soliti capricci aggressivi...» - mi rivelò il papà. E ha ragione, direi io. Un bambino di cinque anni non ha strumenti cognitivi sufficientemente sviluppati per prendere decisioni di un certo calibro. Tuo figlio non ha il diritto di scegliere il nome di un fratellino, non può stabilire se vuole (o meno) diventare vegano, non ha abbastanza esperienza per comprendere quali siano i vantaggi di una vacanza in mare o in montagna. I genitori devono fare i genitori, senza farsi prendere dalla mania di iper-collaborare. La prossima volta che sei sul punto di interpellare il tuo piccolo interlocutore, domandati: «Mio figlio ha gli strumenti pratici per intervenire sulla questione X o Y?». Se la risposta è negativa, occupati tu delle fasi teoriche/organizzative e lascia al bimbo la possibilità di aiutare in modo pratico, padroneggiando così nuove competenze.

Tutto su Maria Montessori e i suoi metodi educativi

"Questo è il nostro dovere nei confronti del bambino:
gettare un raggio di luce e proseguire il nostro cammino."
Maria Montessori

Pensatrice e rivoluzionaria dai mille talenti: nella sua lunga e prolifica vita, Maria Montessori è stata non soltanto pedagogista e filosofa infantile, ma anche designer e progettista, femminista impegnata politicamente e curatrice editoriale di manuali che, ancora oggi, sono considerati le fondamenta della scienza del Novecento. Con le sue parole, le sue riflessioni forbite e le sue metafore vibranti sulla vita, la Montessori continua a ispirare migliaia di formatori italiani (e non) – *compresa la sottoscritta!* Prima ancora di leggere la realtà infantile con gli occhi di un'adulta, ha avuto il coraggio di concepire il bambino nella sua mutevole e cangiante unità; un unicum in continuo divenire, un mix sapientemente bilanciato di emozioni, paure, pulsioni e comportamenti complessi. Viene ricordata per aver aiutato intere generazioni di genitori e insegnanti a modificare il proprio sguardo sull'essenza dell'infanzia. Il bambino di Maria Montessori è un individuo già *individuato* – cioè capace di comprendere e processare input interni ed esterni. E come ogni *persona* mossa da obiettivi, sogni e desideri, anche i nostri figli necessitano di spazi educativi preparati – e nelle prossime pagine scopriremo *come* – in cui scoprire sé stessi attraverso **l'azione**. Insomma, avrai capito che l'approccio pratico è *fon-da-men-ta-le*. Il tutore è dunque una figura marginale, di supporto: attenta e vigile, non opprime mai le pulsioni creative dell'ultimo arrivato in famiglia. Inoltre, propone soluzioni alternative in maniera umile e paziente, attiva e divertente.

Curioso di saperne di più?

La concezione montessoriana parte da una verità con la V maiuscola, tanto semplice quanto potente: *genitori non si nasce, si diventa.* Per educare gli adulti del domani in maniera efficace è importante creare un ambiente in cui il piccolo sia libero di fiorire come un bocciolo a primavera, così da incarnare pienamente talenti e potenzialità custodite dentro di lui. Per riuscire nell'intento, Maria Montessori propone un approccio ludico. Il «gioco» - termine virgolettato per un motivo che scoprirai a breve – è *l'azione* più importante tra quelle compiute da un figlio.

«Ma come?» - mi dirai. «E studiare? Lavarsi? Mangiare? Comportarsi bene in famiglia e a scuola?»

Tempo al tempo.

I gesti, apparentemente insignificanti, padroneggiati dal bambino durante una sessione di relax e divertimento occupano, nella sua mente, un ruolo fondamentale. Mentre è intento a infilare le formine nei rispettivi spazi, a impilare i mattoncini, a montare delle costruzioni o a formare parole con le lettere di legno, tuo figlio è serio, vigile e psichicamente sotto sforzo. Egli allena ora la sua manualità, ora la capacità di trovare le differenze tra due o più oggetti apparentemente simili; ora potenzia il suo *problem solving* ludico, ora plasma la sua intelligenza o la sua visione d'insieme *un passo alla volta, tassello dopo tassello.* Il gioco montessoriano è tutto fuorché una facezia, uno scherzo. Anzi, guai impedire al bambino di fare esperienza di quest'organo psichico prioritario che chiamiamo *cervello.* Proprio in virtù della neuroplasticità infantile, ogni istante di divertimento riveste anche <u>un ruolo formativo.</u>

Mio caro lettore, mia cara lettrice, capisci ora quanto sia deleterio minimizzare gli sforzi del bimbo, interrompendo le attività di gioco sul più bello perché «la cena è pronta», oppure «basta perdere tempo, ora mettiti a fare i compiti».

Qui di seguito voglio proporti una lista di tre giochi montessoriani, progettati sul principio del fai-da-te, che io amo particolarmente e che ho testato con successo insieme alla mia primogenita.

- **Attività pratica**. Trasforma in un gioco tutte le micro-attività della routine in cui il bimbo allena la sua manualità: allacciarsi le scarpe, sbucciare l'arancia, prendersi cura di una piantina – la nostra ha raggiunto le dimensioni di un alberello di mele! - setacciare il terriccio e così via.

- **Il gioco dei travasi**. I bambini con età compresa tra 1 e 3 anni sono affascinati dall'idea di travasare liquidi, sabbia o piccoli oggetti. L'attività può essere svolta con l'aiuto di una spugna, di un contagocce o delle manine – soprattutto nel caso di sacchetti o palline. Il gioco in questione allena la coordinazione e la pazienza. Comincia con solidi di grandi dimensioni e, con il passare del tempo, aumenta la difficoltà!

- **Le basi della scrittura**. Tutto quello che devi fare è procurarti un vassoio da portata – che non usi più – e riempirlo di farina di mais. Successivamente, crea quattro o cinque cartellini raffiguranti lettere, figure geometriche o simboli astratti. Compito del tuo piccolino è quello di riprodurre all'interno del vassoio l'immagine del talloncino prescelto, servendosi del ditino.

<u>Consiglio montessoriano extra</u>: per favorire lo sviluppo comunicativo e linguistico, chiedi al bimbo di associare a un oggetto tridimensionale la sua parola corrispondente. Dai tre anni in poi, aggiungi anche la componente scritta e ricorda di integrare l'attività a un po' di sano divertimento. Solo tu sai come intrattenerti in compagnia di tuo figlio, creando sfide stimolanti e avventure sempre nuove.

Per dovere di cronaca, il metodo Montessori è di frequente associato all'educazione scolastica. Moltissimi genitori si chiedono *se* e *come* integrare le perle formative della celebre pedagogista tra le quattro mura domestiche. Di base, il modo migliore per riuscire nell'intento consiste nell'aumento dell'autonomia e dell'autostima infantile. L'attenzione del genitore dev'essere posta sull'<u>organizzazione pratica e tangibile della routine</u>: la casa è, infatti, un luogo caldo e accogliente, sicuro e familiare. *Niente a che vedere con l'aula di scuola*. Ecco, allora, che il figlio è libero di dedicarsi in maniera stimolante e priva di costrizioni alle attività che contemplano il **miglioramento della manualità**: annaffiare le piantine, lavare la verdura, rifare il lettino insieme ai genitori, tagliarsi le unghiette, preparare la tavola e disegnare. Giorno dopo giorno, coinvolgere il piccolo nell'affascinante semplicità della routine permetterà di **auto-educarlo** al valore della responsabilità, del rispetto e della coordinazione corpo-mente. Dopotutto, come Maria Montessori stessa amava ripetere: *"Il gioco è il lavoro del bambino [...]* Chi non comprende che insegnare a un bambino a mangiare, a lavarsi, a vestirsi è un lavoro ben più lungo, difficile e paziente che imboccarlo, lavarlo e vestirlo? <u>*Tutto quanto è aiuto inutile, è impedimento allo sviluppo delle forze naturali*</u> [del bimbo]".

Provare per credere!

Il Paese felice: il metodo danese per crescere bambini sorridenti

Dati alla mano, la Danimarca è il Paese mondiale più sereno al mondo. E il suo non è un risultato sporadico: è da oltre 40 anni che domina la classifica del *World Happiness Report*, stilata dalle Nazioni Unite. Viene da chiedersi quali siano i segreti educativi dei giovanissimi neogenitori del Nordeuropa e, soprattutto, in che modo replicarne i successi anche in Italia. A fare chiarezza è la psicologa (anch'essa danese) Iben Sandahl in compagnia della giornalista di origini statunitensi, Jessica Alexander, da anni sposata con un danese. La ricetta della felicità Made in Denmark prende il nome di P.A.R.E.N.T. ed è un acronimo inglese scomponibile nei sei seguenti capisaldi:

- Play (gioco);

- Authenticity (autenticità);

- Reframing (ristrutturazione comportamentale);

- Empathy (empatia);

- No Ultimatums (nessun ultimatum educativo);

- Togetherness (intimità e gioco di squadra).

Sei ancora confuso?

È del tutto normale.

Tuttavia, la combinazione dei fattori appena citati è un importantissimo asso nella manica mediante cui evitare i capricci, debellare le punizioni e massimizzare i momenti di svago e di relax.

Innanzitutto, **Play**: il momento del gioco. Le due autrici raccontano che, comparando i due Paesi, i bambini danesi sono lasciati maggiormente liberi di giocare spontaneamente a differenza di quanto avviene in Italia. I genitori tricolori peccano di iper-organizzazione: ogni momento libero della giornata è buono per pianificare le cosiddette attività *extracurriculari*, tanto in voga negli ultimi anni: sport e musica, lingue straniere e piscina, teatro e danza – la lista è potenzialmente infinita. Tuttavia, le ultime ricerche pedagogiche hanno appurato, ancora una volta, l'importanza del gioco libero; il jolly di cui i genitori necessitano per educare i propri figli senza favorire episodi di ansia, competizione ed emozioni negative. Le regole di buona condotta prevedono di mettere in modalità aereo (offline) i dispositivi digitali, lasciare libero spazio alla creatività, promuovere il divertimento all'aria aperta, evitare di iper-intervenire in caso di litigi e battibecchi e, soprattutto, invogliare alla sperimentazione senza proteggere i pargoli in maniera morbosa e opprimente. Una sbucciatura, uno scivolone o una ferita superficiale sono validi dispositivi pedagogici... *superato il pianto iniziale!*

Attenzione anche al fattore numero due, l'**Authenticity** (autenticità). Mi riferisco alla tendenza a dire <u>sempre</u> la verità, ove possibile. Tuttavia, mi imbatto spessissimo in famiglie che, nel tentativo di lodare i propri figli affinché «non ci restino male», trasformano ogni scarabocchio in un «capolavoro straordinario» firmato da Picasso o Van Gogh. Piuttosto che mentire, disabituando i bimbi ad accettare il fallimento e i loro sentimenti autentici, prova a soffermarti sulle qualità secondarie di un lavoretto scolastico o di un tema di scuola: «Perché hai scelto quell'abbinamento di colori?» o ancora «Per quale motivo hai descritto il papà con queste parole?», oppure «A cosa hai pensato quando hai realizzato il lavoretto in compagnia della maestra?». È questa la strategia vincente per promuovere l'apprendimento e il dialogo interiore, senza illudere gli adulti del futuro di essere padroni indiscussi... di tutte le arti!

Continuiamo con il concetto di ristrutturazione, il **Reframing** britannico. Mi riferisco all'abilità di trasformare una situazione spiacevole in un'occasione di riscatto e di rivincita. Prova a servirti di due strumenti pratici estremamente efficaci: **A)** <u>il ricordo felice</u> e **B)** <u>il senso dell'umorismo</u>. Se il piccolo mette il broncio per via di una prestazione sportiva deludente, prova a ricondurre la tua attenzione sui successi passati: «Okay, oggi non è andata come avresti voluto, ma... Ti ricordi quanto eri felice due settimane fa quando hai segnato il gol della vittoria? Alcune giornate sono belle, altre brutte!» oppure, «Dai, non ci credo... Sei triste per il match! Immagina se ti fosse caduto il tuo gelato preferito, quello alle nocciole: allora sì che avresti avuto un valido motivo per disperarti! [E ridi, coinvolgendo il tuo interlocutore]».

Il punto numero quattro del metodo P.A.R.E.N.T. si focalizza su un valore che, a mio avviso, è alla base di un qualsiasi viaggio educativo positivo e appagante: mi riferisco all'**empatia**, la capacità di comprendere e processare le emozioni provate dagli altri, così da scoprire anche le nostre. Frasi di contenimento in stile «Perché piangi? Cosa ti fa arrabbiare? Perché sei deluso? Perché non hai voglia di riprovarci?» permettono di educare l'interlocutore al potere della perseveranza e della comprensione reciproca. Aggiungi: «Capisco il motivo per cui ti senti triste, perché anche io da piccolo/a...». Ricorda: non sminuire mai i sentimenti di tuo figlio a suon di «Non fare un dramma per una cosa tanto piccola», «Non essere triste» o «Fossero questi i problemi della vita...». Ognuno di noi, bambini compresi, è immerso in un mondo interiore più o meno vivido, sensibile e ricettivo. *Tutte le emozioni negative hanno pari dignità.*

Il punto numero cinque della ricetta della felicità Made in Denmark è una ripetizione di quanto già trattato nel primo capitolo del libro che stringi tra le mani. Ma dal momento che, citando i latini, *repetita iuvant*, ti ricordo di non confondere l'autorevolezza con l'autoritarismo. È finita (per fortuna) l'epoca del «padre-padrone» a cui relazionarsi con un misto di reverenza e di timore. Il concetto di **No ultimatum** viene brillantemente spiegato dalle due autrici: *"Comandare incutendo paura comporta un problema, perché non si promuove il rispetto: si promuove la paura".*

Per evitare il loop negativo delle punizioni e delle sculacciate, cerca di risalire alle motivazioni comportamentali di tuo figlio. *Nessun bambino vuole essere cattivo o disubbidiente per scelta.* Focalizza i tuoi sforzi educativi sull'azione, non su tuo figlio e, soprattutto, metti in chiaro le regole da seguire in maniera pratica e oggettiva. Se sei il primo a non dare il buon esempio, dimostrando <u>in maniera tangibile</u> quale via percorrere per terminare le attività quotidiane a regola d'arte, non pretendere che il ragazzo raggiunga i traguardi da solo. *Ha bisogno di te, e tu di lui.* È proprio quest'ultimo il fulcro del patto educativo.

Infine, **Togetherness**, l'intimità. Le famiglie danesi trascorrono buona parte del loro tempo libero in un clima sereno, intimo e disteso: a sera, amano accendere delle candele profumate, chiacchierano insieme di quel che è accaduto durante il giorno, ascoltano gli altri membri della famiglia e tengono i litigi lontani dalle orecchie dei più piccoli. È sufficiente una torta e una tazza di thè fumante per creare quell'atmosfera magica che i popoli nordeuropei chiamano *hygge*. *Hygge* è uno stato di collaborazione e di appagamento relazionale simile a un Natale... *che dura tutto l'anno!* È inoltre un valore fondante che viene insegnato anche tra i banchi di scuola al fine di limitare al minimo le lamentele, rendere ogni istante familiare confortevole e gustoso – sì, perché l'*hygge* è sempre accompagnato dai succulenti piatti della tradizione danese – organizzare attività all'aria aperta, incoraggiare il gioco spontaneo dei bambini, cantare, danzare e apprendere le basi della gratitudine per quel che si ha. Molto importante (e interessante) è anche il concetto di minimalismo: le case danesi sono ampie, illuminate e occupate da pochi indispensabili oggetti. Prova anche tu: non riempire la stanza del bimbo con un insieme di giochi e giochini gettati sul pavimento in maniera disordinata, ma scegli insieme a tuo figlio quali attività ludiche svolgere, organizzale e lascia che lui le sperimenti senza stress.

Provo, sbaglio, imparo – L'educazione positiva che allena autostima e perseveranza

Mio caro lettore, mia cara lettrice, voglio concludere questo lunghissimo capitolo denso di esempi e spunti di riflessione con i precetti dell'educazione positiva. Fai un bel respiro, recupera il focus e presta molta attenzione alle informazioni seguenti: sono la base informativa di cui hai bisogno per mettere in pratica i metodi e gli esercizi contenuti nelle prossime pagine.

Ti chiedo: sai cosa si intende quando parliamo di educazione positiva? Nulla a che vedere con una lista infinita di elogi o un po' di vuoto ottimismo. Il termine «positivo» si riferisce all'ambiente educativo in cui il bimbo sente di essere libero di *provare, sbagliare e imparare.* Secondo la Convenzione ONU sui diritti dell'infanzia e dell'adolescenza, il modello dell'Educazione e della Genitorialità Positiva condanna qualsiasi azione umiliante, degradante e imbarazzante al fine di preservare la dignità e la felicità dei nostri piccoli interlocutori.

Partiamo da una situazione domestica assai comune: un bimbo di due anni è da solo in salotto. Ha sete e scorge sul tavolino un bicchiere d'acqua lasciato lì dal papà. Decide così di allungarsi e di torcersi come un contorsionista al circo per servirsi da solo, col risultato di bagnarsi maglietta e pantaloni «freschi di lavatrice» nel tentativo di portare il bicchiere alle labbra. In quel momento, il neopadre rientra tutto trafelato, spaventato dai rumori provenienti dalla sala: «Possibile che tu debba sempre combinare guai? Ti ho lasciato un secondo, UN SECONDO!» - sbotta, gettando il piccolo nella confusione e nella disperazione. Analizziamo ora il punto di vista del bimbo: il suo era un esperimento positivo, cioè un'azione costruttiva, soddisfacente e indipendente. Insomma, il piccolo <u>non ha agito con l'intento di combinare un pasticcio</u>, ma la reazione del genitore gli fa credere di aver incrinato il rapporto di fiducia che il papà nutre nei suoi confronti. Ed è proprio così che un figlio perde sicurezza, si sente umiliato e *fallito*. Se solo non avesse rovesciato l'acqua, sarebbe stato probabilmente applaudito per le sue abilità precoci.

Riflettici per un istante: credi davvero che il bimbo del nostro esempio, in una fase di immaturità sia fisica sia mentale, non abbia il diritto – o addirittura, il dovere – di commettere errori più o meno gravi agli occhi di un adulto? Gli ultimi arrivati in famiglia hanno bisogno di occasioni per mettersi alla prova, allenarsi, impegnarsi, sentirsi soddisfatti anche dopo aver sbagliato. Il genitore, in una situazione analoga, potrebbe **A)** guidare il bambino step by step, chiedendogli di riprovare con il suo aiuto, oppure **B)** facilitare l'attività del figlio – magari acquistando un bicchiere in plastica di dimensioni più contenute, lasciandolo sempre a portata di *manina*. I consigli e le **trasformazioni dell'ambiente** sono il caposaldo dell'educazione positiva. Ricorda: l'alternativa alla punizione e all'umiliazione c'è <u>sempre</u>:

tutto quello che devi fare è focalizzare la tua attenzione sul *modus operandi* fallimentare di tuo figlio.

Perché non ha portato a termine l'azione nel migliore dei modi?

Individua il problema e fornisci una soluzione specifica.

Diverso è il caso in cui il bimbo, nel tentativo di attirare l'attenzione degli adulti, fa danni di proposito nella speranza di ottenere una *reazione – negativa o positiva, poco importa.* Anche in questa spinosa situazione, compito della neomamma e del neopapà è di intercettare la richiesta d'aiuto del piccolo. Qual è il motivo di un **SOS comportamentale** tanto esasperato? Il bambino si sente geloso, trascurato, ignorato, umiliato, spaventato, o incompreso?

Nei panni di un genitore positivo con la G maiuscola devi metterti nei panni del tuo interlocutore per guidarlo alla scoperta delle emozioni negative che lo spingono ad agire in un dato modo (disfunzionale).

«Capisco che tu sia stanco/frustrato/triste/arrabbiato, ma non è questo il modo di sentirti felice. Ora riordiniamo insieme, ci diamo un abbraccio e cerchiamo una soluzione migliore, va bene?» - è la *frase passe-partout* di cui puoi fare ampio uso.

Dopo aver riparato il danno commesso, non chiuderti in silenzi stizziti e infastiditi. Offri al bambino il conforto di cui necessita, facendogli presente che la prossima volta potrà rivolgersi direttamente a te, senza prima mettere a soqquadro la casa o rompere chissà quale soprammobile.

L'educazione positiva permette, dunque:

- Di gestire gli episodi di ansia e di stress infantile.

- Comunicare con gentilezza, ma fermezza.

- Comprendere gli stati d'animo propri e altrui.

- Imparare a gestire i conflitti e i fraintendimenti senza alzare le mani (da ambo le parti).

- Raggiungere i traguardi facendo gioco di squadra, senza ferire gli altri membri della famiglia sul piano emotivo e fisico.

Ancora una volta, secondo Save the Children: "Se guardiamo il mondo con gli occhi di un bambino di 1 anno, 5 o 13 anni possiamo meglio comprendere il suo comportamento, poiché è dettato dalla sua visione del mondo in quella particolare fase del suo sviluppo. I bambini imparano meglio se viene loro spiegato come fare le cose, i motivi delle regole che devono seguire, se qualcuno parla loro con calma degli errori commessi e indica loro modi per poter migliorare in futuro".

Ma soprattutto, tieni bene a mente l'ultimo consiglio educativo di questo capitolo: cerca sempre di adottare un **approccio risolutivo**, non punitivo. Perché la teoria del «*Quando ci vuole, ci vuole*» porta, a lungo termine, soltanto frustrazione e sofferenza familiare.

No alla perfezione!

Strategie pratiche per valorizzare il carattere e i talenti di ogni bambino

Compiamo un breve passo indietro: l'obiettivo dell'educazione consiste nel promuovere <u>l'indipendenza dei figli</u>. *Punto*. Genitori, pedagogisti e insegnanti hanno il dovere di sviluppare le qualità e le risorse che permettono a bimbi e bimbe di affrontare i piccoli-grandi ostacoli della vita in maniera libera, matura e felice. Niente di più, niente di meno. Ogni aspetto comportamentale che esula dal «motto educativo» sopracitato è, a mio modo di vedere, una prevaricazione genitoriale, un tentativo ingiusto e prepotente di iper-controllare i figli a discapito della loro *psicoevoluzione*.

Dunque, la domanda sorge spontanea: come raggiungere l'autonomia? Perché se è vero che un figlio ha tutte le carte in regola per maturare a tempo di record, le problematiche dello sviluppo sono rallentamenti impossibili da evitare. Ogni neonato, ogni bambino e ogni adolescente ha un background, un'attitudine, una predisposizione caratteriale e un nucleo familiare diverso. È dunque impossibile stabilire quale metodo educativo valga per tutti, indiscriminatamente.

Tuttavia, quello che possiamo fare è interpellare educatori e neuroscienziati a noi contemporanei per comprendere quali sono le esigenze dei *giovanissimi*, al fine di rispondere alle loro domande in maniera adeguata.

Ricorda: <u>il metodo dell'omogeneità è dannosissimo</u>. Non paragonare mai i talenti del figlio minore alle mancanze del figlio maggiore, non quantificare il «voler bene» dei tuoi bimbi, non applicare schemi comunicativi standardizzati. La parola chiave di un'educazione realmente efficace è <u>diversificazione</u>. È un errore gravissimo appiattire i talenti dei tuoi piccoli interlocutori, rinchiuderli in una gabbia emotiva, sociale e culturale all'interno della quale resteranno paralizzati per tutta la vita.

Qui di seguito, voglio suggerirti tre strategie comunicative preliminari che potrai applicare con tutti i ragazzi di età compresa tra i 2 e i 13 anni. Nel prossimo paragrafo, invece, suddividerò i miei suggerimenti pedagogici per fasce d'età, in maniera più chiara e personalizzata.

- **Sii spontaneo**. I bambini sono dotati di un sesto senso più sviluppato di quello degli adulti. Mentre noi amiamo *filosofeggiare* ed entrare in loop infiniti di pensieri negativi, i nostri figli sono dotati di un radar emotivo straordinariamente vigile e ricettivo. Racconta le tue esperienze passate, condividi con tuo figlio le preoccupazioni e le paure che ti frullano per la testa, ma ribadisci <u>sempre</u> che lui è (e sarà) il centro del tuo mondo. *Ci sarai sempre, qualsiasi cosa accada.* Non puoi immaginare quanto un «Sono molto stanca, la mamma ha avuto una giornata a lavoro davvero stancante. Puoi abbassare il volume del gioco per un'oretta? Vorrei riposare un po'» sia molto più efficace di punizioni, minacce e giocattoli confiscati. *Provare per credere!*

- **Fai la cosa giusta, in silenzio.** Maria Montessori amava ripetere che i bambini dispongono di una *«mente assorbente»* - ne sono testimonianza i figli di famiglie multietniche che, alla tenera età di 5-6 anni, sono già in grado di padroneggiare le basi di due o più lingue straniere. Di conseguenza, il mio consiglio è di <u>limitare le parole allo stretto necessario</u>, verbalizzando soltanto ciò che è davvero utile ai fini dell'educazione e non può essere spiegato con l'ausilio della pratica.

- **Insistere fino allo sfinimento crea un'abitudine educativa (errata).** Mi spiego meglio: immagina di chiedere a tuo figlio di cinque anni di preparare lo zainetto per la scuola. Dopo una manciata di «Non mi va», «Lo faccio dopo» e «Mi aiuti tu?», alla decima volta il piccolino si alza, va su in cameretta e porta a termine l'attività. Ora, non commettere l'errore di credere che alla sesta o all'ottava volta tuo figlio non ti abbia compreso o non ti abbia ascoltato. Più semplicemente, egli sa di poter «tirare la corda» per un numero di volte moderatamente alto ed è proprio quello che fa. La sua è un'abitudine (negativa) derivante dall'insistenza dei genitori. Quando i richiami si trasformano in una consuetudine, perdono di valore e non producono più lo slancio formativo correlato all'apprendimento e alla maturazione. Insomma, arrivare al punto in cui le urla verbali non hanno più effetto sulla mente di un bimbo significa esasperare il desiderio di farci capire sul piano verbale, non esecutivo. Tuttavia, come accennato nei precedenti capitoli, il *discussionismo* manca di una comprensione approfondita delle dinamiche mentali dei bimbi.

Curioso di saperne di più?

L'autostima del bambino dal primo al decimo anno di vita: consigli ed esercizi suddivisi per fasce d'età

Scrivo *«autostima»* e non *«comunicazione infantile»* perché credo che un'ottima strategia relazionale tra genitori e figli sia responsabile di uno straordinario aumento della fiducia che il bambino nutre nelle proprie capacità, anno dopo anno. Quello che segue è un *vademecum* di consigli pedagogici basati sulle ricerche di neuroscienziati, educatori e professionisti della salute infantile. Per ovvi motivi, non potrò essere del tutto esaustiva. Tuttavia, nelle ultime pagine del manuale che stringi tra le mani troverai una bibliografia di articoli e libri per approfondire le nozioni che reputi più interessanti.

Il primo anno di vita del bambino: l'attaccamento

Per citare le parole dello psicoanalista e pediatra britannico Donald Winnicott, formatosi sugli studi di Sigmund e Anna Freud: "Il primo anno di vita deve essere di autentica devozione verso il neonato: la *mamma sufficientemente buona* sarà quella che possiede la capacità di essere sufficientemente disponibile verso il figlio, normalmente devota". Il concetto di «mamma sufficientemente buona» si lega al fulcro della genitorialità post-natale: la **devozione**. In altri termini, il primo anno di vita deve essere un mix sapientemente bilanciato di coccole, attenzioni e protezione. Il neonato è legato in maniera simbiotica al corpo materno in cui ha trascorso i nove mesi della vita intrauterina; una fusione profonda, intima e ancestrale, tramandata di generazione in generazione. Perché se è vero che un attaccamento eccessivo, negli anni a venire, rischia di soffocare i talenti e le abilità di un figlio, i primi dodici mesi necessitano di quella <u>dipendenza reciproca</u> provata da tutte le mamme.

Di conseguenza, *mia cara lettrice*, mi rivolgo proprio a te: non farti comandare a bacchetta da suocere, mamme e sorelle che ti suggeriscono di distaccarti gradualmente dal neonato per evitare di «viziarlo». Il bambino, in questa fase precoce, dev'essere *viziato* in accordo ai bisogni da lui espressi. Il pericolo che si corre è piuttosto quello di allontanarsi prematuramente dal bebè al fine di anticipare un'indipendenza che avrà tutto il tempo di manifestarsi negli anni a seguire.

Il secondo e il terzo anno di vita: le competenze primarie del bimbo

Scrive Maria Montessori in *Educare alla libertà*: "Aiutarli ad imparare a camminare senza aiuto, a correre, a salire e scendere le scale, a rialzare oggetti caduti, a vestirsi e a spogliarsi, a lavarsi, a parlare per esprimere chiaramente i propri bisogni, a cercare con tentativi di giungere al soddisfacimento dei loro desideri, ecco **l'educazione dell'indipendenza**". È giunto il momento di eliminare progressivamente l'attaccamento simbiotico tra il neonato e la madre. Il piccolo ha tutte le carte in regola per muovere i primi passi in autonomia (metaforicamente e non). I 2-3 anni di vita sono il punto di partenza da cui apprendere le competenze basilari che gli consentiranno di relazionarsi alla famiglia in maniera più complessa e sfaccettata. Anche in questo caso, ribadisco quanto sia importante <u>non anticipare i bisogni</u>. Ricordo la storia di un papà che comprendeva alla perfezione i *versi* del figlio di tre anni e che – nonostante l'età del bimbo – si ostinava a incentivare quella sorta di «linguaggio segreto che ci tiene più uniti che mai» - mi disse. Dovetti fargli presente che il piccolo si sarebbe prima o poi iscritto alla scuola dell'infanzia. Le maestre e gli altri bambini non avrebbero compreso le sue storpiature, con il rischio di fargli vivere episodi di isolamento e di solitudine nient'affatto piacevoli. Invitai il genitore a evitare anticipazioni. Soltanto così il bimbo avrebbe imparato a produrre combinazioni fonetiche più complesse, proprie del linguaggio comune.

Molto importante è intervenire con accortezza sul tema dei **divieti**: il secondo e il terzo anno di vita sono *fon-da-men-ta-li* per esplorare il mondo e collezionare nuove abilità. Interrompere l'esplorazione multisensoriale di un bimbo, impartendogli continue proibizioni verbali, porta il piccolo a vivere in costanti stati di ansia, stress e rabbia repressa... *pronta a detonare come una bomba da un momento all'altro!* Tuo figlio, infatti, non è in grado di processare cognitivamente le motivazioni per cui *è bene* o *non è bene* svolgere un'azione o adottare un comportamento. La strategia vincente – quella che ho anche applicato nell'educazione dei miei bimbi – consiste nel somministrare micro-divieti in maniera <u>visuale</u>: cartellino verde o cartellino rosso? Semaforo verde o semaforo rosso? Potete divertirvi insieme a creare una manciata di cartoncini da attaccare sulla porta del frigorifero o in cameretta. La bravura di un genitore risiede proprio nella capacità di rendere comprensibile e tollerabile il divieto, senza alimentare il senso di onnipotenza del bambino, né la sua tendenza a desiderare *«tutto e subito!»*.

Il quarto, il quinto e il sesto anno di vita: abitudini e regole adeguate

Mio caro lettore, mia cara lettrice, è tempo di mandare in pensione la *fusione simbiotica* del primo anno di vita. Sebbene sia impossibile stabilire quali siano i tempi corretti – ogni bambino ha tutto il diritto di padroneggiare abilità in accordo ai suoi talenti e alle sue esigenze – dal quarto anno di vita in poi, i nostri figli sono pronti a esplorare il «mondo dei grandi» con (tanta) goffaggine e un pizzico di ingenuità. Un aspetto di primaria importanza consiste nella scoperta dei *compagnetti di gioco*, i coetanei. Quest'ultimi danno vita a un processo di imitazione e di riconoscimento in cui il piccolo si rispecchia e si galvanizza. Basti pensare alle feste di compleanno che, tra un gioco e l'altro, si trasformano in un tripudio irresistibile di divertimento infantile.

Ma c'è un secondo aspetto di primaria importanza: **le abitudini**. La routine quotidiana coincide con l'introduzione di regole, limiti e *procedure* che hanno l'intento di aiutare il bimbo ad abbandonare la fase di onnipotenza maturata nei due anni precedenti. Dopotutto, riflettici per un solo istante: tuo figlio non può disporre di un bagaglio di esperienze pari a quello di un genitore. Il suo comportamento è guidato dalle impressioni desunte dalla prima infanzia, motivo per cui le abitudini giocano un ruolo di prim'ordine nella sua educazione. È necessario essere accorti e impostare gli automatismi nel modo corretto per evitare di subire i «capricci» dell'ultimo arrivato in famiglia. Dai tre anni in poi, il bimbo può ad esempio lavarsi e asciugarsi, mangiare con la forchetta e il cucchiaino, condividere giocattoli e la merenda con altri bambini, aiutare gli adulti con la spesa e le commissioni della giornata e inventare ambientazioni di finzione in cui vestire i panni del protagonista.

Dai quattro anni in poi, il piccolo sa lavarsi i dentini da solo, scherza e ride alle battute dei genitori, sa usare anche il coltello, sa allacciarsi i pantaloncini o le scarpine e ha bisogno di confrontarsi con i suoi amichetti.

Entrando nel quinto anno di vita, via libera a giochi di gruppo, alle pratiche di igiene e di cura personale, alla scelta di determinati hobby e alla protezione/amore nei confronti della Natura e degli animali.

Ancora una volta, ti ricordo che stabilire delle procedure chiare e sintetiche a priori è l'asso nella manica di cui hai bisogno per condividere momenti di relax in compagnia di tuo figlio.

Un esempio?

Ricordo la storia di una giovanissima mamma che, nel tentativo di tenere a freno il senso di onnipotenza del figlio, gli permetteva di mettere nel carrello del supermercato tre cose. Ma il bimbo, confuso ed elettrizzato da una scelta troppo ampia, muoveva richieste del tutto inaccessibili: «Voglio la PlayStation, la bicicletta e una busta di caramelle gigante!». Ancora una volta, la colpa non è da imputare alla mente esecutiva del figlio – dopotutto, *tre cose* sono pur sempre *tre cose* – ma alla poca chiarezza formativa della genitrice. Tratteremo l'importanza del pensiero magico nel mondo infantile nel Capitolo 5, affinché tu possa stabilire al meglio quali procedure comportamentali automatizzare tra le quattro mura domestiche.

Dal settimo al decimo anno di vita: vittorie e conquiste (con qualche fallimento)

Dal settimo anno di vita in poi, il bambino si stabilizza. Arriva il primo giorno di scuola, si consolidano le amicizie con i suoi coetanei e le sfide educative si fanno sempre più complesse. Tuo figlio bada a sé stesso in maniera spontanea, naturale. In quest'età le nuove esperienze suscitano in lui un senso di meraviglia e di incredulità che, complice un pizzico di ingenuità, ti farà innamorare della sua personalità. Tuttavia, ricorda che la componente ludica prevale ancora su quella logico-razionale. Non a caso, gran parte delle riflessioni dei bambini in questa fascia d'età sono senza filtri, spontanee e genuine. Mancano gli argini sociali di cui noi adulti ci serviamo nelle relazioni interpersonali: la mente di tuo figlio è un fiume in piena! Al contempo, è molto importante ricalibrare la giusta distanza educativa: assente nel primo anno di vita e sempre più accentuata dal secondo anno in poi, adesso deve farsi <u>più netta e marcata</u>. Durante la mia carriera al fianco di famiglie in difficoltà, ho collezionato centinaia di testimonianze in cui sembra che – come per magia – l'evoluzione del bimbo si sia misteriosamente inceppata.

Il pargolo rifiuta la presenza dei tutori, grida, urla, mena le mani e viene divorato dai sensi di colpa oppure ancora non tollera le attenzioni che la mamma rivolge al fratellino o alla sorellina. Molto spesso sono i genitori a fornire interpretazioni pseudo-psicologiche all'insofferenza dei figli: «Forse ha qualcosa che non va? Lo facciamo controllare? E se fosse già in fase preadolescenziale?» - sono i dubbi più comuni.

La questione risiede piuttosto nella comparsa di una nuova fase della crescita infantile: i genitori si ostinano a considerare il piccolo di casa come un bebè, mentre il *giovanotto* cerca in tutti i modi di dimostrare la propria maturità.

A tal proposito, voglio portarti una testimonianza che reputo pertinente: un papà sulla trentina mi rivela che il figlio di sette anni si comporta da despota, scalciando e bullizzando i due fratellini più piccoli. «Non c'è più traccia del bimbo dolce e generoso di qualche anno fa. Cosa sta succedendo? Alza le mani e ogni sua risposta è un no in piena regola». Mi rivela anche di essere prodigo di complimenti nel tentativo di elogiare i comportamenti positivi del piccolo interlocutore. Tuttavia, ogni suo sforzo non sembra sortire i risultati sperati. Per quanto la mia possa suonare come un'assurdità, il comportamento del bimbo è del tutto normale ed è una forma di sviluppo psicologico che tiene conto della presenza di più rivali in famiglia (i fratelli e le sorelle minori). Nel dettaglio, il primogenito fa di tutto per caratterizzarsi in maniera netta rispetto ai tutori, estremizzando comportamenti che sa perfettamente essere negativi. Procedere lungo la via dei divieti e delle punizioni serve a poco, finirebbe soltanto per incentivare l'esibizionismo infantile. Il miglior iter educativo consiste nella comunicazione di norme comportamentali chiare ed esaustive. L'obiettivo? Risolvere il cortocircuito formativo che mette a dura prova l'equilibrio domestico. Ricorda: nessun bambino desidera tiranneggiare sui genitori o aggredire i propri fratellini. Piuttosto, è possibile che un figlio soffra la scarsa chiarezza esplicativa/pratica dei tutori. E in effetti, il papà del racconto summenzionato mi rivelò che «Sono sempre io a comportarmi da cattivo e da despota; con la mamma gioca e viene viziato. Di questo passo finirà per odiarmi... già adesso si rivolge sempre a lei!».

Ebbene, la coerenza degli adulti è fondamentale. Il bimbo deve riconoscere il giusto grado di autorevolezza sia nella mamma che nel papà, senza fare i «capricci» per mero opportunismo. Spolverando i libri del padre della psicoanalisi, il medico viennese Sigmund Freud, scopriamo che la fase psicoevolutiva di un bimbo di sette anni prende il nome di «**periodo di latenza**»: un'originaria propensione a sentirsi apprezzati da chi gode di un certo potere (la maestra, il fratello maggiore, i genitori, l'allenatore di calcio, l'insegnante di musica ecc.). Questo *conformismo*, se così lo si può chiamare, permette di farsi carico degli obblighi sociali e dei giudizi altrui. Per dirlo con le parole di Silvia Vegetti Finzi: "il periodo di latenza va dal termine della prima infanzia sino alla pubertà (dai 6 ai 10 anni) e costituisce una parentesi di "bonaccia" tra due tempeste emotive. Durante la latenza, il bambino è particolarmente educabile, così che in quest'epoca avviene il suo inserimento nell'ambito della società e della cultura".

Ora, voglio essere sincera con te: le nuove generazioni, bombardate da marketing, pubblicità e influencers dalla vita apparentemente perfetta, hanno subito un mutamento cognitivo che gli educatori, neppure il più lungimirante di loro, avrebbe potuto prevedere. In una società dominata da un narcisismo patologico e un'illusione di onnipotenza predominante anche negli adulti, sono molte le frustrazioni che il bimbo deve sopportare prima di sentirsi integrato.

Per evitare di incappare in un *conformismo spiacevole* – il giovanotto pretende vestiti di marca o smartphone ultramoderni, ad esempio – è importante tenersi alla larga dal senso di colpa. Dire di «no» ai capricci pretenziosi dei figli non significa essere rigidi o retrogradi, anche se «Tutti i miei amici ce l'hanno». Non farti condizionare. Il mio invito è piuttosto quello di difendere il bambino dalle proposte consumistiche e commerciali onnipresenti nella sfera comunicativa odierna. Educare gli *adulti di domani* alla morigeratezza e all'essenzialità significa contrastare lo spirito dominante al giorno d'oggi: quello per cui oggetti, vestiti, giocattoli, materiale scolastico e regali vari debbano essere trattati con superficialità e leggerezza perché «tanto li si ricompra». Non è così; è un bene riutilizzare i vestiti di fratelli maggiori o cuginetti fin quando sono in buono stato, così come prendere in prestito libri da amichetti e vicini di casa prima di fare un salto in libreria. Il bimbo comprenderà l'importanza del rispetto della proprietà altrui, gioendo di ogni piccola conquista.

Da un punto di vista pratico, i piccoli con età compresa tra i 7 e i 10 anni avranno imparato a dormire nella loro cameretta senza interrompere il sonno dei genitori, lavarsi e curarsi in maniera indipendente, gestire gli impegni, i compiti e le verifiche scolastiche senza l'ausilio dell'adulto e, infine, preferire i momenti di svago coi coetanei a quelli con mamma e papà. Sul piano tecnologico, il consiglio è di limitare l'utilizzo di smartphone, PC e tablet a non più di quaranta/cinquanta minuti al giorno, supervisionando di tanto in tanto i contenuti scelti dal piccolo. Nelle belle stagioni e nel week-end, sarà opportuno organizzare day-trip, pic-nic e scampagnate nelle zone green della regione, insegnando al figlio la bellezza della Natura e la felicità che deriva dal contatto con gli animali (insetti inclusi, eh!).

Mio caro lettore, mia cara lettrice, mi auguro che questo breve riepilogo comunicativo, suddiviso per fasce d'età, ti abbia aiutato a comprendere le dinamiche organizzative necessarie a una corretta educazione. Con il passare del tempo, ti renderai conto di un fatto assai curioso: sarà proprio tuo figlio, servendosi del tuo «buon esempio», a proporre accordi per la famiglia. È questo il caso del bimbo che stabilisce di completare i compiti prima di uscire a giocare in giardino col suo vicino di casa. La figura del «genitore-intermediario» non è più necessaria: il piccolo attiva dei meccanismi di autoregolazione dal risultato assicurato. *E non è proprio quest'ultimo l'obiettivo della formazione? Educare alla libertà?*

La nemica numero 1 dell'educazione? La rabbia

D etona come una granata, in maniera improvvisa e incontrollabile. Di frequente, la rabbia provata da un figlio spaventa e affligge i genitori; c'è chi si sente in diritto di reagire con una scarica d'ira altrettanto dirompente e chi, di contro, rimane paralizzato e un po' impacciato, incapace di trovare una valida ragione al motivo di tanta aggressività latente. In entrambi i casi, l'errore più comune è quello di: **A)** combattere alla pari, ingenerando un conflitto familiare duro a morire e **B)** sottomettersi spontaneamente alla rabbia di un figlio nella speranza di proteggerlo da una reazione che verrebbe naturale – quella di alzare le mani e la voce per riportare l'ordine. Tra urla, disperazione e confusione, è molto difficile comprendere razionalmente che l'ira è un'emozione primaria – proprio come la felicità o la paura – ed è, soprattutto, una reazione *sensata* a stimoli esterni/interni considerati spiacevoli. Di conseguenza, può non essere conveniente reprimere e debellare la rabbia del tuo piccolo interlocutore prima ch'egli abbia modo di manifestarla.

Ma su un punto sono d'accordo con te: l'ira, soprattutto quando si trasforma in una forma di aggressione verso sé stesso o gli altri, *porta guai.* Sì, perché il suo funzionamento è subdolo: la rabbia è un tentativo di <u>annullare una sensazione spiacevole</u>; si attiva come un interruttore tutte le volte in cui il bambino si sente inetto, impacciato o impossibilitato nei confronti di qualcosa/qualcuno. Un figlio irato è innanzitutto un individuo che <u>reagisce a un dolore ritenuto intollerabile</u>. L'ultimo asso nella manica a sua disposizione è infatti il silenzio e l'inibizione. Quando anche la rabbia non sortisce gli effetti sperati, non resta altro da fare che ritirarsi e abbandonare la partita. Ecco spiegato il motivo per cui l'emozione primaria oggetto di questo capitolo è una risorsa di fondamentale importanza per la **sopravvivenza** e il funzionamento psichico del tuo interlocutore.

Tuttavia, essendo una scarica di energia essenzialmente distruttiva, rischia di spaventare sia i tutori sia il bimbo stesso. Ricordo di aver scambiato quattro chiacchiere con una bambina di cinque anni, sveglia e dinamica, affetta da scoppi d'ira a detta dei genitori *«anomali e preoccupanti»*. Durante la nostra seconda seduta, la paziente mi rivelò un dettaglio della sua vita psichica assai curioso: «Alle volte sono così arrabbiata che vorrei distruggere mamma e papà con la forza della mia mente. Però poi ho paura... Chi si prenderà cura di me?». Insomma, la rabbia spaventa anche i più piccoli e ingenera loop negativi di rammarico e sensi di colpa.

Ora, durante un accesso d'ira l'organismo umano ha una reazione altrettanto violenta: rilascia un elevato quantitativo di *ormoni surrenalici* che, in un adulto, impiegano indicativamente 20 minuti per essere smaltiti del tutto, tornando nella norma. Ecco svelato il motivo per cui, al di fuori del nostro controllo, tendiamo a rimanere incavolati neri per circa mezz'ora dopo la lite, indipendentemente dalle scuse del nostro interlocutore o dalla piega presa dagli eventi. La rabbia dei bimbi funziona in maniera analoga a quella genitoriale, ma con una sostanziale differenza: gli ormoni surrenalici restano in circolo per un lasso di tempo più esteso, tra i 40 e i 50 minuti.

Un bel problema, no?

In aggiunta, l'irascibilità dei nostri figli trova sfogo in maniera diversa a seconda della natura della rabbia. La più comune è la **rabbia realistica**, la quale viene indirizzata contro la causa del malessere – il bimbo che ruba il giochino al parco, il fratellino che guarda la TV a volume troppo alto o il pranzo a base di verdure poco invitante. L'ira in questione è mirata, obiettiva e coerente al *principio di piacere*: ciò che provoca sensazioni spiacevoli viene tenuto il più lontano possibile.

Tuttavia, esiste un'altra forma di rabbia, un sentimento negativo ancora più intimo e angosciante: mi riferisco alla **rabbia narcisistica**. Quest'ultima viene scatenata da una ferita che lede l'Ego del bimbo, mettendone in dubbio i valori, i talenti e le qualità. Epica e nefasta, quest'energia distruttiva assume la dimensione di un'offesa con la O maiuscola, portando a odio e risentimento. Si manifesta nelle occasioni in cui i nostri figli vengono umiliati, derisi o bullizzati dai compagnetti di scuola, dagli insegnanti o dagli altri familiari. All'interno della rabbia narcisistica rientra di diritto anche la rabbia dei timidi: scoppi d'ira di bambini introversi che, stanchi di essere trattati da «sfigati», decidono di vendicarsi dei propri interlocutori in maniera aggressiva.

Infine, *mio caro lettore*, mi sento costretta a ricondurre la tua attenzione sulla rabbia più angosciante e perniciosa che esista – nell'infanzia come nella vita adulta: **la rabbia dell'impotenza**. Il bimbo che, ferito intimamente, non ha gli strumenti per reagire in maniera logico-razionale al torto subito, si chiude in un silenzio rabbioso e disperato. I nostri figli, schiacciati sotto il peso di obiettivi al di fuori della loro portata, perdono ogni motivazione e ogni legame con chi li ha feriti (una maestra, un parente o un vicino di casa particolarmente supponente). La comunicazione gridata che mette in allarme gli adulti deriva dalla consapevolezza di *non avere strumenti costruttivi*; è questa, dunque, la forma di rabbia più delicata da gestire, poiché priva di un intento riparativo. È compito dell'adulto cogliere la sensatezza e la giustezza della rabbia impotente, così da aiutare il bimbo a gestire l'angoscia che ne consegue.

Addomesticare il fuoco della rabbia, non spegnerlo – Consigli pratici per genitori e insegnanti

Proviamo a immaginare cosa voglia dire per un bimbo di 5 o 7 anni provare un'emozione tanto distruttiva, irrefrenabile e prepotente. I nostri figli non sono in grado di controllare forti scariche emotive, peccano cioè di *self-regulation*. È questo il motivo per cui, sotto gli occhi increduli dei genitori, i piccoli angioletti di un tempo si trasformano in mostriciattoli impossibili da placare. Non bastano promesse, vizi e vezzeggiamenti. Quando la rabbia li assale, gli ultimi arrivati in famiglia ardono di un fuoco apparentemente indomabile. Ora, com'è semplice intuire, i tutori di riferimento svolgono un ruolo di prim'ordine nella corretta gestione degli scatti d'ira. Sono proprio gli adulti, forti della loro esperienza, a insegnare ai bambini come auto-regolare la rabbia, la gelosia, l'invidia e la prepotenza. Quest'aspetto, come detto, contribuisce in massima parte al benessere infantile.

La domanda sorge, dunque, spontanea: *come re-agire?*

Innanzitutto, riconoscendo che la rabbia è l'emozione che, più di tutte, domina il rapporto *genitore-figlio*. C'è chi a undici anni litiga con la mamma perché ha dimenticato di mettere a bollire l'acqua sul fuoco e chi, di contro, subisce le offese del proprio figlio a causa della minima incomprensione. *Vittime e carnefici, insomma, si trovano da ambo le parti.* Innanzitutto, per citare le parole di Daniele Novara in *Urlare non serve a nulla*: "Nel rapporto genitori-figli è estremamente importante riuscire a stare nella relazione educativa: non lasciarsi travolgere dalle reazioni emotive, quasi pensando che per certi aspetti possano rappresentare un segnale di forza".

Di conseguenza, alzare la voce, strattonare o menar le mani non fa altro che peggiorare una situazione già di per sé *delicatissima*.

Il genitore e l'educatore dovrebbero, piuttosto:

- **Mantenere la calma.** Come accennato nelle pagine precedenti, i bambini dispongono di un radar emotivo molto più sviluppato di quello degli adulti. Sono in grado di comprendere e di intuire lo stato emotivo dei tutori. Mantenere un comportamento fermo, coerente e rilassato è un buon punto di partenza per dimostrare come re-agire alle difficoltà della vita in maniera pratica, tangibile. Ricorda: *meno parole, più fatti*. Inizia a lavorare su te stesso, così che tuo figlio possa trovare in te un'ancora di salvezza nei momenti più burrascosi della sua crescita.

- **Non soffocare la rabbia del bimbo**. I nostri figli sono *esseri umani*, non dissimili dagli adulti. È tempo di liberarsi della convinzione (limitante) secondo cui un bebè sia un angioletto accondiscendente e privo di pulsioni distruttive che scalpitano per venire alla luce. Di conseguenza, non passare il messaggio che la rabbia sia un'emozione sbagliata. Tutt'altro. È il modo in cui la si governa a essere più o meno vincente.

- **Non limitare mai le emozioni del piccolo, ma soltanto le sue azioni**. Qualche anno fa accolsi nel mio studio una mamma molto scossa. Il primogenito – mi raccontò – durante uno dei suoi scatti d'ira aveva scagliato un bicchiere di vetro contro la povera cagnolina di dieci anni. La malcapitata era scappata a *zampette levate* e da quell'episodio si teneva a debita distanza dal suo padroncino. La reazione della genitrice era stata impeccabile: aveva pazientemente atteso che il figlio riprendesse il controllo nella sua cameretta e gli aveva spiegato in maniera pratica come distinguere tra ciò che si prova e ciò che si fa. «Se venti minuti fa avessi ferito la tua cagnolina Maggie, come ti saresti sentito? Bene, non ti chiedo di soffocare la tua rabbia, ma di controllare le tue azioni. Se non impari a porti dei limiti, potresti fare del male alle persone che ami di più...». La mamma del racconto ha saputo: **A)** spiegare <u>il motivo</u> per cui è necessario porsi dei limiti e

B) attendere che il figlio fosse in grado di comprendere la gravità del gesto compiuto. Mi auguro che questo semplice esempio possa guidare anche il tuo comportamento, soprattutto nei momenti di massima frustrazione infantile.

Esercizio – Sai gestire la rabbia?

Mio caro lettore, mia cara lettrice, la gestione dell'emotività deve essere insegnata ai bimbi in fase precoce. Sigmund Freud, il padre della psicoanalisi, riteneva che le mappe cognitive – quelle che determinano il nostro *sguardo sul mondo* – si formassero entro i primi cinque anni di vita. In realtà, le neuroscienze a noi contemporanee hanno potuto scoprire che l'educazione mentale necessita <u>soltanto</u> di 36 mesi. Dai 3 anni in poi, i nostri figli dispongono già di una solida base neuronale che influenza il loro modo di *reagire* e di *interagire* con gli oggetti del mondo esterno (animati e inanimati). La violenza spettacolarizzata sui media e imputata agli adolescenti che picchiano i genitori, uccidono animali indifesi o si comportano in maniera dominante con i ragazzi più deboli deriva da una pressoché totale assenza di <u>sensibilità emotiva</u> ed è questa la causa della distruttività assai comune al giorno d'oggi. Secondo il filosofo e psicoanalista italiano Umberto Galimberti, di cui ti consiglio di leggere *Parola ai giovani: dialogo con la generazione del nichilismo attivo,* i ragazzi sono influenzati da una *decadenza valoriale.*

L'aspetto realmente doloroso riguarda la progressiva riduzione di obiettivi, nonché la diffusa mancanza di una ragione per sudare, impegnarsi e superare i propri limiti, *un passo alla volta.* La gravità della situazione è tanto più evidente se si considera che l'iter di progressivo disfacimento si <u>autoalimenta in un loop negativo potenzialmente infinito</u>, intaccando l'identità degli *adulti di domani.* L'identità di cui tanto si parla sui giornali e nei talk-show, infatti, è – per citare le parole di Galimberti – un «*dono sociale».* Se il *«sentito dire»* si ostina a ripetere che le nuove generazioni sono svogliate, incapaci e prive di un futuro roseo, anche la convinzione dei diretti interessati si tingerà di tinte fosche. È questo un circolo vizioso di *distruzione* senza *creazione*: i vecchi valori non lasciano spazio a nuove prospettive. *Un grave problema, quindi.*

Ti chiederai, dunque, in che modo i genitori possono intervenire positivamente sulla vita dei propri figli, *salvando il salvabile.* Come insegna Albert Ellis, il fondatore della *Terapia Razionale Emotiva Comportamentale*, le reazioni individuali sono il risultato di <u>pensieri soggettivi</u> su determinati eventi, mai di eventi in sé. La buona notizia è che, con un (bel) po' di impegno, possiamo agire attivamente sulle convinzioni che ci frullano per la testa, aiutando noi stessi e i nostri figli.

Insomma, "Il grande sforzo richiesto ai genitori è quello di riuscire a dialogare e a trovare un contatto profondo con le proprie emozioni" – continua Daniele Novara in *Urlare non serve a nulla.*

Per riuscire nell'intento, la regola aurea consiste nell'evitare la reazione più immediata, la più tempestiva. È proprio quest'ultima a peccare di funzionalità. Si cade spesso nell'errore di ritenere che, in una lite familiare o di fronte a un comportamento scorretto del proprio figlio, sia obbligatorio intervenire nel più breve tempo possibile. La convinzione (errata) è quella di richiamare all'ordine il piccolo interlocutore *prima che sia troppo tardi, prima che la situazione degeneri.* Il presupposto in questione induce i genitori a reazioni d'istinto, facendo perdere loro lucidità, autocontrollo ed efficacia nella comunicazione.

È inutile recitare il «copione» dell'adulto rigido e vigile, se la soluzione fornita al bambino non è coerente alle sue esigenze. Di fronte a un figlio che fa i capricci o si lascia comandare dalla rabbia, c'è l'adulto che urla, picchia, sculaccia o chiacchiera ininterrottamente nella speranza di seminare nel pargolo il germe della maturità. E quando questi metodi falliscono – *perché sì, nella stragrande maggioranza dei casi non sono sufficienti* – il tutore si persuade di *«non essere stato abbastanza convincente/duro/chiaro ecc.».*

Nella realtà, però, la mente del bimbo non funziona così: la reazione emotiva di mamma e papà non fa altro che ingigantire i problemi della quotidianità, tentando di risolvere le situazioni spiacevoli in maniera rigida, stereotipata e poco efficace. È questo il caso del genitore che si adira se il figlio di sette anni è in ritardo di 10 minuti per andare a scuola oppure del papà che tempesta il ragazzo di telefonate se non risponde alla chiamata immediatamente. Questi comportamenti istintivi non fanno altro che umiliare o mortificare il figlio, inducendolo a evitare la lite e il confronto in famiglia – *che, ti ricordo, è un'esperienza pedagogica di gran valore.*

Come se non bastasse, le reazioni emotive e impulsive degli educatori sono il frutto di **condizionamenti passati**. Perché se è vero che ogni mamma e ogni papà sono prima di tutto figli e figlie, è facile intuire quanto il backstage infantile degli adulti giochi un ruolo di prim'ordine nel modo in cui educano, a loro volta, i propri bimbi. A tal proposito, voglio citare le parole dello psicanalista di origini francesi Serge Tisseron, il quale ha saputo riassumere brillantemente il meccanismo di condizionamento a catena che lega il genitore al figlio:

"La risposta di un essere umano in una determinata situazione non dipende mai esclusivamente da essa. Deriva anche dalla sua storia – sia che la ricordi sia che l'abbia dimenticata – dal suo umore contingente e da una moltitudine di altri fattori. [...] La nostra vita emotiva, inoltre, viene tessuta a ogni momento con due fili: uno rappresenta le esperienze che ci facciamo del mondo, l'altro le situazioni relazionali di cui spesso abbiamo dimenticato l'origine. [...] Dobbiamo imparare a considerare le emozioni alla stessa stregua, ma partendo dal punto di vista opposto. Siamo abituati a ritenerle unicamente il riflesso della nostra vita psichica, mentre adesso dobbiamo familiarizzare con l'idea che esse, a nostra insaputa, rappresentano anche una viva traccia del nostro rapporto con le generazioni precedenti." – in *Verità e menzogna delle emozioni.*

Quel che ti suggerisco, a conclusione del mio capitolo dedicato alla rabbia, è dunque uno strumento *evergreen* mediante cui... *staccare la spina alle emozioni!*

Ricapitolando:

- Ricorda di non soffocare mai la rabbia di un figlio, ma di concentrare i tuoi sforzi educativi non sulle **emozioni**, ma sulle **azioni** disfunzionali che ne derivano.

- **Non agire tempestivamente**. Dai mezz'ora di tempo al bimbo per sbollire, riprendere controllo su di sé e riflettere su quel che è accaduto. Reagire in maniera impulsiva non farà altro che reiterare risposte educative ormai inefficienti e stereotipate.

- Non dimenticare che le **emozioni genitoriali** derivano dal background di esperienze, punizioni, grida e lotte familiari che ognuno di noi, nei panni di un bimbo, ha vissuto in passato. Di conseguenza, impara a fare i conti con le tue paure o con i traumi reconditi, scendi a patti con la tua aggressività. *È importante che i bimbi siano bimbi e non strumenti per riscattare noi stessi da un'infanzia sofferta o turbolenta.*

Che fare, dunque?

Di fronte a un'emozione tanto sconvolgente da stordire il tuo buon senso, prendi tempo e ristabilisci la giusta distanza educativa tra te e il bimbo.

- **Non rispondere in maniera impulsiva**. Molto spesso le provocazioni dei figli sono richieste d'aiuto, SOS comportamentali rivolti ai genitori nella speranza che loro, mantenendo la calma, forniscano una procedura educativa funzionale, sicura e vincente. Di conseguenza, *è importante riflettere prima di parlare*; non metterti sulla stessa lunghezza d'onda di un bimbo all'apice della confusione e dell'insofferenza, ma conta fino a *dieci, cinquanta* o *cento* - se necessario. La tua non è una forma di disinteresse, ma una strategia di buonsenso formativo.

- **Stabilisci dove, quando e come risolvere il problema**. Come accennato nei primi capitoli del libro che stringi tra le mani, il *discussionismo* confuso e cervellotico tanto cari ai genitori moderni provoca nei bimbi un forte *spaesamento*. Di conseguenza, frasi in stile «Discuteremo della questione a cena», «Ne parleremo domani a colazione, possiamo mangiare un dolcetto nella pasticceria qui all'angolo» o ancora «Adesso ci rifletto un secondo. Più tardi salgo in cameretta e ti dico cosa ne penso» ti aiutano **A)** a prendere tempo, coinvolgendo anche il tuo partner e **B)** a sbollire la rabbia/paura momentanea derivante dalla reazione esagerata del tuo piccolo interlocutore. *Provare per credere!*

- Infine, **stabilisci una procedura comportamentale chiara, pratica e sintetica.** Avrai capito che i tanto bistrattati «capricci» dei nostri figli sono il frutto di imposizioni genitoriali confuse, incoerenti o parziali. Prima di chiudere la conversazione, domandati: «Sono stato chiaro? Gli ho spiegato in maniera pratica come risolvere il problema X o Y?», «C'è ancora confusione? Ma soprattutto, io e il mio partner abbiamo detto la stessa cosa?».

Dopotutto, è proprio quest'ultimo il significato più nobile di una regola: non una mania di controllo sugli ultimi arrivati in famiglia, impostata per ribadire il concetto *«sono un genitore responsabile»*, bensì un'abitudine che, una volta compresa dai bimbi, consente loro di conquistare risultati sorprendenti in maniera libera e autonoma – così da ribadire il *fil rouge* della teoria educativa di Maria Montessori.

Alla scoperta del magico pensiero infantile

Pratico, concreto e magico. È questo l'identikit del pensiero infantile. Comprendere quali sono le caratteristiche di una mente in via di sviluppo è il primo passo da compiere per impostare procedure comportamentali <u>chiare e pratiche</u>. Ora, ti consiglio di leggere le informazioni contenute nelle prossime pagine con la convinzione di sintonizzarti sulle «onde cerebrali» del tuo piccolo interlocutore. Quest'ultimo potrà sembrarti un compito ingiustamente gravoso – dopotutto, nessuno di noi ricorda con nitidezza le emozioni provate da bambini – ma ti assicuro che, con un po' di impegno, riuscirai a settare le basi di un dialogo genitore-figlio realmente efficace.

Cominciamo!

L'ABC della mente operativa e immediata nei bambini: una guida neuroscientifica

Alberto Oliverio, in *Neuropedagogia. Cervello, esperienza e apprendimento*, scrive: "L'attenzione di un bambino è di breve durata: per esempio, un piccolo di 6-7 anni comincia a distrarsi dopo appena 15 minuti, mentre un ragazzo di 15-16 anni è in grado di prestare attenzione per circa 30-45 minuti".

Ed è questa una giustificazione convincente alla disattenzione patologica che i nostri piccoli studenti manifestano sui banchi di scuola mentre, con lo sguardo perso nel vuoto, illudono l'insegnante di essere vigili e ricettivi. *Ah, la beata ignoranza degli adulti!*

Ora, l'affermazione di Oliverio getta luce su una caratteristica fondamentale della mente umana in via di maturazione: l'immediatezza. *Il bimbo è vigile nel qui e ora, nel momento presente.* Il motivo è da rinvenire nel concetto stesso di tempo: *teorico e astratto* per gli adulti, *pratico e concreto* per i ragazzi. Se la nostra vita è scandita dalle otto ore sul posto di lavoro e dalle scadenze di bollette e pagamenti vari, la mente dei bimbi è dedita all'esecuzione di attività espresse in termini ludici: che si tratti di una partita di calcetto o di pallacanestro nei ragazzi di 7-10 anni o nel gioco dei travasi che fa impazzire i più piccoli, poco importa. Ciò che ha davvero valore è **l'esperienza sensoriale** che consente di scoprire qualcosa di nuovo, qualcosa che susciti meraviglia e stupore in virtù della *neuroplasticità infantile*.

L'attenzione di un figlio può quindi essere riconquistata con barzellette, giochini, scherzi, oggetti nuovi (della cucina, ad esempio), fiori, foglie e insetti. Non è necessario scalare la cima del Monte Everest per accontentare il tuo piccolo interlocutore: ogni microelemento della quotidianità si trasforma in una novità che, se opportunamente usata, permette di stimolare la fantasia dei bimbi e veicolare procedure comportamentali adeguate.

Attenzione anche alla **complessità dei messaggi** che invii al ragazzo. Infatti, è soltanto dal decimo anno di vita in poi che il giovane sviluppa un senso di responsabilità e una morale più complessa e strutturata. Ne è la prova il successo dei cartoni d'animazione Disney che, semplificando la realtà in *bianco o nero, buono o cattivo*, riescono a tenere incollati i nostri piccoli curiosoni per ore e ore di divertimento costante. Ricorda: il senso di giustizia nei bambini è immediato e concreto. Gli ultimi arrivati in famiglia non hanno gli strumenti cognitivi necessari per chiudere un occhio, portare pazienza, mediare le liti o rimandare a dopo un bisogno impellente – *come mangiare, bere, giocare o andare alla toilette.*

Una terza caratteristica del pensiero infantile è la **bugia**, tra i metodi più utilizzati dai bambini di tutto il mondo. Non hai idea di quanti genitori si siano rivolti a me con i nervi a fior di pelle a causa delle costanti menzogne del figlio. Quello che ribadisco loro con estrema pazienza è che, proprio in virtù dell'elevata immaturità psichica del fanciullo, noi adulti dobbiamo sempre partire dal presupposto che <u>il racconto del nostro piccolo interlocutore corrisponde alla sua versione della realtà, e non alla realtà oggettiva.</u>

Questo perché, *volente o nolente,* il bambino non ha un bagaglio esperienziale sufficientemente ricco per cogliere le sfumature complesse del mondo attuale. In aggiunta, la ricerca della *verità* – concetto che anche noi adulti consideriamo spinoso e sfuggente – impone un carico di lavoro psichico inutile e controproducente. Ed ecco che, senza alcuna cattiva intenzione, i nostri figli colmano le lacune oggettive con voli pindarici e fantasiosi degni di un romanziere fantasy o di un regista hollywoodiano.

L'esempio lampante della noia infantile, responsabile di bugie e capricci, è il momento dello shopping con la mamma e con il papà. Un mio piccolo paziente mi rivelò, un giorno, di essersi «rotto le scatole» nel centro commerciale «perché la mamma ci mette davvero tanto tempo a provare i vestiti» - concluse. Mi raccontò che la genitrice, stanca delle continue lamentele del figlioletto, gli avesse imposto di portare pazienza perché «quando proviamo le cosine per te non ti annoi mica. Adesso mi devi aspettare!».

L'elemento di rottura deriva dalla scarsa capacità materna di mettersi nei panni del primogenito; egli ha un focus e un livello di tolleranza più bassi rispetto a quelli maturati da un adulto di quarant'anni. La soluzione esiste e risiede nella capacità di <u>coinvolgere il bimbo</u> in un orizzonte di scherzi, consigli sui colori o sui materiali, giochi di parole e divertimento con il carrello della spesa. Ancora una volta il genitore cade nell'errore di pretendere comportamenti <u>non allineati all'età</u>, ignorando la componente magico-esecutiva del pensiero infantile.

Mio caro lettore, mia cara lettrice, ho usato più volte l'aggettivo «magico» ed è probabile ti stia chiedendo il significato di un termine che – inutile negarlo - non appartiene né al linguaggio comune né a quello neuroscientifico. Tuttavia, è solo negli ultimi anni che la componente immaginativa dei bimbi è stata relegata in secondo piano. Nell'era di tablet, smartphone e TV accesi in ogni istante della giornata, sembra che il potere dell'immagine pubblicitaria si sia sostituito a quello della fantasia autonoma e disincantata delle nuove generazioni. *Dati alla mano, è proprio così.* Qualche decennio fa la psicologa e docente di psicologia infantile Tilde Giani Gallino scoprì che percentuali molto elevate di bambini nati a cavallo tra gli anni Sessanta e Novanta del Novecento erano soliti divertirsi in compagnia del cosiddetto «amico immaginario»: una figura ibrida e intangibile mediante cui scaricare le loro interminabili energie e affrontare avventure che, nella realtà, sarebbe stato impossibile vivere. A distanza di qualche anno, scopriamo che «l'amico immaginario» è ormai *demodé*, pochi sono i bambini del Ventunesimo secolo affascinati da questo ineffabile compagno di giochi. I numeri non lasciano adito a dubbi: dal 60-70% nei bimbi con età compresa tra i 7 e gli 8 anni negli anni Ottanta (circa), al 10-20% dei giorni d'oggi.

Mi chiedo, tuttavia, quanto il bombardamento mediatico e digitale a noi contemporaneo sia il solo responsabile del fenomeno appena citato. E parlo (purtroppo) con preoccupazione e cognizione di causa. Tanti (troppi) sono i padri e le madri che mi fanno visita in studio, preoccupati per l'eccessiva *verve immaginativa* del bimbo. Le fantasie sono infatti considerate da alcuni adulti dei veri e propri ritardi cognitivi nello sviluppo della prole, limiti da disincentivare e risolvere il prima possibile - «possibilmente con l'aiuto di uno specialista». Lo stesso cieco accanimento coinvolge la figura di Babbo Natale. Ricordo come fosse ieri la frase di un papà che, sul tema del pensiero magico della primogenita, mi rivelò che: «Sì, la piccola fa finta di credere a Babbo Natale, *ma io lo so che è intelligente e lo dice soltanto per accontentarmi!*».

Immaginerai la mia espressione di fronte a una tale noncuranza nei confronti dell'universo immaginativo e fantasioso di una bimba di soli sette anni. Una bimba che ha tutto il diritto di credere alla figura di Babbo Natale e di sognare, un giorno, di entrare nella sua innevata fabbrica di giocattoli, girovagando a cuor leggero tra elfi e renne dal naso rosso.

Gli adulti continuano a basarsi su sistemi di pensiero distorti, lontani dalla realtà fattuale dei bambini. Nonostante l'iperrealismo dell'era moderna – basti pensare ai videogiochi, ai cartoni animali, ai film e a tutti i prodotti di intrattenimento che raggiungono le nuove generazioni – i nostri figli sono sì più *«svegli»*, ma non per questo esenti dal mondo magico, ancestrale e primitivo desunto dai giovani del passato. Esilarante è il caso della mamma che, dopo l'assemblea scolastica, viene fermata dall'amica. «Quindi, in che città vi state trasferendo?» - domanda l'interlocutrice. La prima rimane confusa, scioccata. Scopre, quindi, che la figlia di sette anni ha detto alla compagnetta di classe che non può andare alla sua festa di compleanno perché è in procinto di trasferirsi in un'altra città. La verità «Non voglio venire al tuo compleanno» si trasforma in un pretesto (equivoco) per fantasticare su un'avventura potenzialmente stimolante: il cambiamento della città, l'inizio di una nuova vita. Ora, l'adulto ha tutto il diritto di rimanere stupito dalle menzogne dei propri bimbi – soprattutto quando queste ultime sono ingegnose e colorite – ma la verità è che <u>la realtà dei fatti non è un concetto processabile dalla mente magica dei bimbi</u>.

Dopotutto, il mondo degli adulti non è esente dalla verve fantastica del passato; esempio lampante del gioco evocativo infantile sono le superstizioni, gli oroscopi e le verità predette dall'astrologia o dai Tarocchi. Forme di pensiero primitivo che, in maniera collettiva, accomunano noi e i nostri antenati. Anche il cinema, il teatro e i giochi di immedesimazione, come i cosplay ispirati ai supereroi o ai personaggi dei manga giapponesi, sono un valido esempio di residuo magico-esecutivo. Marta Versiglia, pedagogista, insegnante di scuola primaria e scrittrice estremamente prolifica, racconta un fatto assai divertente sul suo diario:

"Seguo due bambini in una prima elementare, una classe di ventisei alunni di cui solo quattro sono italiani. Sappiamo che la mamma di un bimbo originario dell'Ecuador aspetta due gemelli maschi che nasceranno a breve. La settimana scorsa entro in classe e vedo appesi alla porta due fiocchi azzurri di benvenuto per Emmanuel e Sergio. Chiedo alle insegnanti e mi confermano che i fratellini di Daniel sono nati. Passa una settimana, torno in classe e l'insegnante sta staccando i due fiocchi. Mi guarda e mi dice: «Pensa se è possibile... Si era inventato tutto! Mica sono nati i due gemelli! Ieri abbiamo visto la mamma ancora con un pancione enorme. Tra l'altro si è inventato anche i nomi perché i genitori non hanno intenzione di chiamarli così... Addirittura raccontava di uno che piangeva e l'altro che dormiva... Che soggetto!»".

Certo, gli adulti sono spinti a condannare l'atteggiamento del piccolo studente, ma l'aspetto realmente interessante è indagare il motivo per cui il piccolino ha coinvolto il microcosmo scolastico nelle sfide della sua crescita; egli è probabilmente spaventato dall'arrivo dei fratelli e cerca di raffigurare, con la forza della mente, quel che potrà accadere nell'immediato futuro. Si comporta, insomma, come un bambino di sei anni perfettamente normale.

La domanda sorge, dunque, spontanea: qual è il ruolo degli adulti nei confronti del magico pensiero infantile?

Il mio consiglio è di non opporsi, svalutare o umiliare un bimbo che tenta, nel massimo delle sue forze, di risolvere una situazione al di fuori delle sue abilità cognitive. È importante assecondare, nei limiti del possibile, le attività simil-oniriche e fantasiose dei nostri figli. Queste ultime sono preferibili alle 2-3 ore al giorno trascorse di fronte agli schermi di TV e telefoni cellulare. Il motivo? "Nel pensiero magico il bambino è attivo, è il costruttore della sua storia ed è per questo che non va sminuito o contrastato" – scrive Daniele Novara in *Punire non serve a nulla*.

Mi auguro che i miei timidi spunti di riflessione siano il punto di partenza da cui entrare in sintonia con le esigenze dei tuoi piccoli interlocutori. Nel prossimo capitolo scopriremo, invece, come (re)agire agli ostacoli e alle sfide del periodo più temuto dell'evoluzione infantile: l'adolescenza.

Capitolo Bonus – Il nuovo mondo dell'adolescenza

Tra conflitti e rifiuti

Ah, l'adolescenza. Periodo di grandi trasformazioni e conflitti genitoriali; un tripudio di ormoni e di «no» ribelli apparentemente impossibili da contenere. Spiacevoli e inarrestabili, i ragazzi tentano in tutto i modi di affermare la propria identità a discapito di quella infantile e fanciullesca. È questo il motivo per cui tutori e insegnanti fanno molta (troppa) fatica a «restare al passo» con le esigenze dello sviluppo.

Mio caro lettore, mia cara lettrice, le pagine che seguono non intendono esaurire ricerche, consigli e strategie pratiche per assecondare la *verve distruttiva* di un adolescente in via di auto-determinazione. Il motivo è da rintracciare nella complessità dell'argomento: ci troviamo di fronte a giovani adulti ormai emancipati, autonomi e sessuati. È dunque inutile rimanere fedeli a quella rappresentazione *angelicata e disincarnata* del bimbo di un tempo. È necessario ristabilire gli equilibri tra le quattro mura domestiche e, soprattutto, abbandonare l'idealizzazione infantile dei nostri figli.

Durante una consulenza particolarmente lunga ed estenuante, una giovane mamma riconduce l'attenzione sul comportamento autoritario e ipercritico della figlia. La ragazzina ha 15 anni appena compiuti, trascorre intere notti incollata allo schermo dello smartphone e, eludendo le domande dei genitori, impedisce loro di conoscere quel che fa, chi frequenta e come trascorre il tempo libero dopo la scuola. Nel tono di voce della mia interlocutrice riconosco la stessa inquietudine che io stessa, anni or sono, nutrii quando la mia primogenita recise definitivamente il «cordone ombelicale» dell'infanzia, all'età di appena 14 anni e qualche mese. Ora come allora, mi rendo conto di quanto noi adulti siamo sostanzialmente impreparati ad affrontare il *salto adolescenziale*. Domando alla mia interlocutrice se la figlia dispone di una paghetta settimanale, quali sono le regole di condotta in casa e come vengono gestite le ore trascorse su Internet. La mamma sbarra gli occhi e mi guarda dubbiosa: «Non è mai stato necessario, mia figlia è sempre stata una bambina ordinata, buona e giudiziosa... Non so cosa le sia accaduto negli ultimi tempi». Anche l'utilizzo dello smartphone, per ovvi motivi molto caro alla secondogenita, non viene limitato da nessuna procedura educativa. La ragazza *fa quel che vuole, quando vuole*, salvo poi interfacciarsi con le risposte comportamentali stressate e angosciate di mamma e papà. Capisci bene che la mancanza di un'organizzazione educativa si rivela, anche in quest'ultimo caso, *dannosissima*.

Secondo il neurobiologo statunitense Robert Sapolsky in *L'adolescenza necessaria*, intervento pubblicato in italiano sulla rivista *Internazionale*: "Il cervello adolescente è unico: non è solo un cervello adulto non ancora maturo e non è neanche il prolungamento di un cervello infantile. La sua particolarità dipende dal fatto che una regione specifica, la corteccia frontale, non è ancora del tutto sviluppata. Questo spiega la turbolenza di quell'età e riflette un'importante pressione evolutiva. La corteccia frontale è la parte del cervello umano che si è evoluta più di recente. Da lì scaturiscono i comportamenti sensati e maturi: i progetti a lungo termine, la funzione esecutiva, il controllo degli impulsi e la regolazione delle emozioni. [...] C'è anche un altro fattore che determina il loro squilibrio: la presenza di ormoni, come l'estrogeno e il progesterone nelle femmine e il testosterone nei maschi. Questo aiuta a capire perché l'adolescenza è più turbolenta dell'infanzia, infatti, la corteccia cerebrale è immatura a entrambe le età, ma lo tsunami degli ormoni non è ancora cominciato."

In altri termini, al giorno d'oggi disponiamo di tutti gli strumenti pedagogici e neuroscientifici per comprendere che, indipendentemente dai nostri punti di vista, gli adolescenti <u>non</u> possono (e non sanno) comportarsi diversamente. Vulcanici e difficili da imbrigliare, necessitano di commettere errori in maniera ragionata e consapevole al fine di diventare adulti onesti, maturi e responsabili.

Come?

Te lo spiego nel prossimo paragrafo.

«Lasciami stare, oppure io...» - Come gestire le minacce adolescenziali?

L'infanzia è finita. Te ne accorgerai dai tentativi di tuo figlio di ordire intrighi alle tue spalle, di bypassarti, di raggiungere la piena maturità in maniera libera e autonoma. Il bambino, divorato dai sensi di colpa per via di una marachella di poco conto, lascia spazio a un giovane adulto in grado di manipolare i genitori e di trarne tutti i benefici del caso. È quanto accade nel giovane studente di scuola media che, nel tentativo di nascondere la nota scritta sul diario dall'insegnante, si serve di *bianchetto* o tentativi più o meno riusciti di imitare la firma del tutore. O ancora, come dimenticare l'episodio assai comune del/della giovanissimo/a che chiede di dormire dall'amico/a, salvo poi trascorrere la notte in una festa chissà dove, ovviamente senza il consenso degli adulti? Come se non bastasse, i protocolli dei genitori risultano via via più trascurabili. Una ragazza di 15 anni mi rivelò che mamma e papà si limitavano a farle delle «prediche» infinite, perdendo il filo del discorso dopo dieci minuti di «Ai miei tempi», «Mettiti nei miei panni...»

o ancora «Possibile che non capisci la gravità della situazione?». Mi chiedo, ti chiedo: vale davvero la pena perdere il controllo sulla formazione dei giovani in un modo tanto grossolano, evidente?

Nella stragrande maggioranza dei casi, proibire l'utilizzo dello smartphone o ridurre le ore trascorse davanti ai videogiochi incrementa il distacco genitore-figlio. Perché mentre il bambino si preoccupa dell'opinione che la famiglia ha su di lui, l'adolescente è rivolto al giudizio dei suoi coetanei e considera quello genitoriale inutile, deprecabile e un po' troppo *vintage*. Non si può neanche impedire questo processo: gli adulti del domani devono sviluppare la propria corteccia prefrontale al fine di comprendere le dinamiche sociali più complesse e sofferte – *anche a costo di qualche scivolone di troppo*.

Il ruolo del genitore è, dunque, diverso: non più un Grillo Parlante che mostra, in maniera pratica, come svolgere le attività di base della crescita e del benessere, bensì un <u>contenitore di emozioni spiacevoli e negative</u> mediante cui regolare la vita domestica, scolastica e interpersonale dei figli.

Ancora confuso?

Voglio farti un esempio tratto dalla mia esperienza diretta. Ricevo la testimonianza di una mamma:

«Mio figlio viene messo in punizione venerdì sera a causa di un brutto voto scolastico. Rischia il debito estivo e voglio persuaderlo a prendere almeno una sufficienza nell'ultima interrogazione del semestre. Mi chiede di invitare a casa il suo compagno di banco per giocare alla PlayStation, rimandando la punizione al giorno seguente. Acconsento, sperando di motivarlo e di contenere i suoi scatti d'ira. Tra una pausa e l'altra mi domanda se l'amico può rimanere a cena; gli dico di sì. Chiede che rimanga a dormire; dico okay, visto che è già tardi e non voglio costringerlo a tornare a casa in bicicletta su una via molto trafficata. Il giorno seguente, dopo una nottata trascorsa ai videogiochi, mio figlio domanda se l'amico può rimanere anche a pranzo. Al che gli ricordo i patti iniziali e gli rispondo che no, adesso non è più possibile. È domenica, il giorno seguente ha la famigerata interrogazione di matematica. E mi sarei aspettata di tutto, ma non che minacciasse di prendermi a sberle e di andarsene via di casa. «Pensi solo a te stessa, vaff...» - e sbatte la porta. Io rimango allibita, accompagno l'amico alla porta e mi preparo all'ennesimo pomeriggio d'inferno. Dove ho sbagliato? Questo calvario adolescenziale avrai mai fine?».

La testimonianza in questione è molto interessante. In primo luogo, la madre adotta col figlio una comunicazione infantile basata su *contentini*, patti e favori. È proprio lei, in buona fede, a favorire <u>la regressione del ragazzo</u>. Quelli che mancano sono degli **argini comportamentali** che garantiscono il benessere del primogenito. Quali sono le priorità? Le ore di sonno e la corretta gestione temporale degli impegni familiari – ricordando che un corretto ciclo sonno-veglia ha un impatto positivo sulla concentrazione per lo studio e sul tono dell'umore. In secondo luogo, la sicurezza: come e quando torna a casa? Chi lo riaccompagna? Può prendere i mezzi pubblici, la bicicletta o dev'essere raggiunto da un genitore? Infine, molto importante è la progressiva responsabilizzazione dell'adolescente. Mi riferisco alla possibilità elargita a un figlio di mettersi alla prova, utilizzando in maniera corretta le libertà che gli sono concesse. In altri termini, *"durante l'adolescenza è necessario che i genitori sappiano negoziare le regole"*. Se durante l'infanzia è sufficiente dimostrare <u>in maniera pratica</u> i pro e i contro di un'azione, in una fase di sviluppo più avanzata è importante contrattare le singole norme di comportamento. Non è sufficiente stabilire «Devi tornare presto» affinché il ragazzo interiorizzi l'importanza della puntualità, soprattutto in orari notturni. È necessario, piuttosto, sedersi a tavolino e negoziare l'ora di rientro esatta, la modalità di ritorno, la gestione della paghetta settimanale – ma sia chiaro, spetta al ragazzo stabilire come spendere i soldi che gli vengono concessi – l'utilizzo dello smartphone e l'abbigliamento per la scuola, lo sport e il tempo libero. Insomma, l'organizzazione della giornata non dev'essere imposta, bensì discussa a tu per tu con il diretto interessato. Quando ambo le parti saranno soddisfatte, ti renderai conto **A)** di dormire sonni tranquilli sapendo quali sono gli accordi presi, senza forzature o impedimenti. Inoltre, **B)** correrai un rischio minore che il tuo adolescente disattenda gli impegni presi.

Per quanto tu possa preferire risolvere i battibecchi nel più breve tempo possibile, ricorda che il tuo interlocutore ha bisogno di uno spazio (sicuro) in cui essere libero di agire e di sperimentare in maniera indipendente. Di conseguenza, evita affermazioni in stile «Dai, ora corri in camera a fare i compiti perché domani dobbiamo andare al compleanno di tuo cugino», oppure «Fammi parlare con la mamma di Michele per sapere con esattezza *chi* e *quando* ti riporterà a casa»; capisci bene che imposizioni di questo tipo impediscono al ragazzo di organizzare la propria giornata di studio, il tempo libero e le uscite con gli amici. E a che pro, mi chiedo io? L'importante è stabilire quali norme comportamentali seguire, il resto verrà da sé.

«Beh, il tuo punto di vista mi sembra fin troppo permissivo...» - mi dirai. «Mio figlio fa un *porcile* in camera sua, non è possibile chiudere un occhio o trovare chissà quale cervellotico accordo. Insomma, *quando ci vuole, ci vuole*» - potrebbe ribattere il più esigente tra i miei lettori.

Ora, prima di proseguire, mi permetterai di operare un'opportuna distinzione. Mi riferisco alla differenza che sussiste tra ciò che è potenzialmente **dannoso** per i nostri figli e ciò che è, piuttosto, **trasgressivo**. Andare in motorino senza casco non è soltanto illegale o immorale, ma soprattutto pericoloso. È dunque un'azione sulla quale il genitore deve dimostrare la massima rigidità comportamentale. Ma un adolescente che vuole tingersi i capelli di biondo o di rosso, indossare vestiti oversize, mettere un cappello stravagante o dedicarsi su un hobby non convenzionale può (anzi, deve) essere assecondato e tollerato. Discorso analogo vale per l'annosa questione della cameretta. Una stanza disordinata, soprattutto se al termine di un'intensa giornata di studio, è del tutto comprensibile. L'adulto dovrebbe mantenere un punto di vista realistico e comprensivo sui limiti temporali, fisici e cognitivi del ragazzo al quale si rivolge. I nostri figli hanno l'esigenza di prendere le distanze dai nostri continui rimproveri, volti a ribadire quanto loro dipendano da noi. Ecco, dunque, che litigare in maniera furibonda a causa dei fumetti sparsi sul pavimento e sulla scrivania non fa altro che esacerbare un rapporto già di per sé critico. Ogni adolescente trova, nel disordine, un ambiente consono al suo mondo interiore. Ci sarà tutto il tempo, da adulti, di rifare il letto con la precisione di una guardia svizzera o di eliminare una manciata di briciole dalla postazione di studio.

Di contro, i limiti sono altrettanto importanti: il genitore potrebbe arginare il disordine del proprio figlio chiedendogli di rispettare date/orari per la lavatrice e i vestiti sporchi, ad esempio. Insomma, ogni tuo confine educativo dovrebbe essere utile al benessere, all'igiene e alla felicità del tuo interlocutore. Di conseguenza, il sistema formativo summenzionato fa fatica a decollare nella misura in cui gli adulti limitano per il piacere di arrestare l'indipendenza e la rinnovata libertà del ragazzo. Domandati: «Per quale motivo mi sta tanto a cuore la norma comportamentale X o Y? Per la salute di mio figlio o per il timore di perdere definitivamente il controllo sulla sua vita e sulle sue abitudini, permettendogli così di differenziarsi da me?»

La presa di consapevolezza potrà sembrarti dolorosa e ingiustificata, ma ti permetterà di mantenere un dialogo aperto, inclusivo e costruttivo con il tuo... *giovane adulto!*

I 5 capisaldi dell'educazione infantile positiva

Mio caro lettore, mia cara lettrice, prima di essere madre di due bimbi, una femminuccia di 19 anni e un maschietto di 14, sono prima di tutto figlia unica. Figlia unica - a esser sincera - in una famiglia che non ha mai goduto di agi e ricchezze. Ricordo distintamente il motto di mio padre, interpellato in merito a questa o quella cosa che volevo acquistare, «*Non posso aiutarti. Aspetti o ti arrangi!*». Una cosa è certa: i miei genitori erano completamento all'oscuro dei litigi scoppiati al parco tra i miei coetanei o dei pianti interminabili che mi tenevano sveglia la notte a causa di una compagnetta so-tutto-io che mi bullizzava un po' troppo. E questo, sia chiaro, non per disinteresse o qualsivoglia carenza affettiva. La mia famiglia, dedita alla cultura del duro lavoro, non aveva né tempo né energie per aiutarmi nei battibecchi infantili della piazzetta, per aiutarmi con le espressioni di primo grado o per iscrivermi a un corso di danza o di lingua inglese. Nella stragrande maggioranza dei casi, poi, i miei amici d'infanzia facevano parte di nuclei numerosissimi, vere e proprie «cucciolate» - mi si passi il termine – composte da 5-6 fratelli di fasce d'età differenti. E viene da chiedersi come fosse possibile, al tempo, mantenere l'ordine e la disciplina tra le quattro mura domestiche. L'apparente disinteresse parentale nei confronti dei figli permetteva ai più piccoli di auto-regolarsi con i coetanei in strutture sociali libere e funzionali. Certo, di ceffoni e pallonate ne ho ricevuti parecchi, ma devo dire che la frenesia del gioco, mista alla voglia di partecipare a nuove attività fino al calar del sole, mi distraeva e non poco dalla stanchezza e dalle antipatie all'interno del mio gruppo di amici. Unica femminuccia del mio palazzo di periferia, ero rispettata dai maschietti e invitata a qualsiasi partita di calcio, basket o pallavolo venisse organizzata nelle vicinanze. Correvo veloce ed ero una vera *peperina*, nonché innamoratissima di quel **gioco libero** che, negli anni della mia infanzia, dominava tantissimi contesti associativi – da Nord a Sud. Ora, di lì a qualche anno, le nuove generazioni persero quella che io amo definire «un'infanzia infantile», trasformandosi in schiere di pseudo-adulti in miniatura animati dal sogno di «sembrare grandi» a tutti i costi, anticipando i tempi.

Altrettanto predominante era, fino a qualche anno fa, l'esperienza della **natura**. E non mi riferisco a viaggi intercontinentali diretti ai Caraibi o in Mozambico. La natura che aveva attrattiva su di noi era molto più semplice e banale: pozzanghere e gelide nevicate invernali, spifferi di vento tanto forti da sollevare le foglie secche d'autunno, o ancora un caldo estivo che favoriva la proliferazione di insetti misteriosi (e un po' terrificanti, a dirla tutta, soprattutto con il senno di poi!). Insomma, i miei coetanei e la natura che mi circondava da ogni lato erano due maestri di vita *meravigliosamente efficaci*. Non soltanto mi permettevano di sfuggire alle regole patriarcali della mia famiglia, ma anche di risollevarmi emotivamente dallo stato di noia perenne che mi colpiva nella mia stanza. Indossavo le mie scarpette da ginnastica al mattino e le toglievo la sera.

Tuttavia, dagli anni Ottanta in poi assistemmo a quella che il già menzionato Christopher Lasch definisce «l'avvento dell'era del narcisismo». La famiglia allargata e condivisa a me tanto cara, la comunicazione immediata e spontanea con i miei coetanei d'un tempo e la ricerca di un gruppo al quale appartenere lasciarono il posto a un progressivo indebolimento dell'identità comunitaria a favore di quella, per l'appunto, individuale.

Lasch spiega che "Ai giorni nostri la gente normale mostra degli stessi tratti di personalità che comparivano, in forma più estrema, nel narcisismo patologico". Puoi leggere l'intervento completo in La *cultura del narcisismo. L'individuo in fuga dal sociale in un'età di disillusioni collettive*, edito da Bompiani.

Il narcisismo, l'egocentrismo e il disperato bisogno di apparire vincenti agli occhi altrui si trasformano in un *modus operandi* e *vivendi* che coinvolge anche le nuove generazioni. <u>Dalla famiglia all'Ego</u>, dalla voglia di essere parte di un gruppo alla caratterizzazione individuale, dal successo di un team alla vittoria del singolo: è questa la grande rivoluzione del Ventunesimo secolo, la stessa per la quale – nonostante le grandi innovazioni mediche e tecnologiche – verremo ricordati come i nati in uno dei periodi più bui nella storia dell'umanità. Lasch continua: "Tutto cospira a incoraggiare soluzioni di fuga dai problemi psicologici della dipendenza, della separazione e dell'individuazione e a scoraggiare il realismo morale che rende possibile agli esseri umani venire a patti con i limiti esistenziali al proprio potere e alla propria libertà".

Scendere a patti con i propri limiti, accettare la sofferenza, trovare una soluzione alle fragilità individuali: sono questi i valori che, al giorno d'oggi, faticano a tramandarsi di generazione in generazione. Viene da chiedersi cosa abbia danneggiato la *visione collettiva* delle nuove leve.

Beh, non è necessario essere pedagogisti esperti o neuroscienziati infantili per comprendere quanto l'avvento dell'era commerciale abbia, a propria volta, <u>commercializzato anche i valori</u> inalienabili propagatisi nel Novecento. I bambini moderni vengono completamente assorbiti dagli schermi, dimenticano il piacere dell'attività fisica, rinunciano alle sfide interpersonali, disimparano il piacere di un ginocchio sbucciato o di una lite agguerrita nel parchetto del rione. E la causa di un tale disfacimento valoriale non colpisce soltanto i nostri figli, ma anche noi adulti: siamo proprio noi i primi, volente o nolente, a subire una mutazione antropologica in cui facciamo fatica a riconoscerci. Ed è questo il motivo per cui, nel corso della mia carriera, ho incontrato una vasta gamma di figure che mi piace definire «mitologiche»: il Papà-Mammo, la Mamma-psicologa, il Papà-peluche a cui fare le unghie e i capelli, la Super-Mamma che, dopo un estenuante turno di lavoro in ufficio, si fa carico dei problemi scolastici del "bambino" di 14 anni.

E posso assicurarti che per anni - mentre prendevo appunti, interrogavo i miei piccoli pazienti o cercavo di entrare in empatia con i metodi educativi dei miei interlocutori – non riuscivo a comprendere la portata reale di questo profondo mutamento antropologico e familiare. Credevo, mio malgrado, di avere a che fare con casi un po' fuori dagli schemi, con genitori incapaci di mantenere la giusta distanza formativa all'interno delle quattro mura domestiche. Con il passare del tempo, mi resi conto che il problema era più grave e diffuso di quanto io credessi. E lo compresi sia confrontandomi con altri colleghi in seminari e corsi di formazione, sia riconoscendo quegli stessi comportamenti disfunzionali nelle famiglie di amici e colleghi.

«Qui gatta ci cova...» - mi sono detta.

Questo è il motivo per cui voglio riassumere, in questo capitolo, una sintesi di *best-practices* che ti permetteranno di evitare (o di rallentare) il disfacimento valoriale degli ultimi arrivati in famiglia. Perdonerai il mio essere diretta, quasi brutale. Ma credo fermamente che la comunicazione pratica, ripetitiva e sintetica sia l'unica che funzioni tanto con i bimbi, quanto con gli adulti.

Spero dunque di non annoiarti con questo *ripasso* generale. Ma spero, ancor di più, di chiarirti le idee e di suggerirti spunti di riflessione interessanti.

1 – Elogio della bellezza

No, non mi fraintendere. Non intendo la bellezza che viene attribuita a tuo figlio da una zia di secondo grado – in stile: «Guarda che occhi, sembra un angioletto!». Mi riferisco piuttosto alla bellezza nascosta nella semplicità della vita quotidiana, nelle piccole manifestazioni della natura o negli straordinari eventi che accadono nell'Universo. Mentre mi accingo a revisionare queste pagine, ricevo una notifica assai gradita: quella relativa alla foto cosmica più profonda mai scattata dalla Nasa.

Che meraviglia!

Potrei trascorrere ore a fantasticare su pianeti, stelle e costellazioni!

Ebbene, il metodo Montessori consiglia agli educatori di ricondurre l'attenzione dei nostri piccoli interlocutori sull'importanza della bellezza, cominciando dall'**ambiente** che li circonda. Ricordo ancora il periodo in cui il mio secondogenito, nel suo immancabile passeggino, mi chiedeva di rallentare l'andatura sotto le foglie degli alti platani del parco comunale per tendere l'orecchio al fruscio ipnotico e rincuorante dei rami «lassù» - diceva, indicando con il ditino le fronde più alte. *Scopriva la natura un passo alla volta e l'ammirava nella sua semplicità.* In un momento di distrazione, raccolsi un'ampia foglia rossiccia e la nascosi nella tasca posteriore della mia borsa. Dopo aver messo in ordine la spesa, gli svelai il nascondiglio di quel misterioso regalo: «Guarda, la foglia magica dell'albero ti ha seguito fino a casa. Perché non la prendi in mano? Ma fai attenzione, è fragile e delicata come un bimbo appena nato...» - gli dissi. Per lunghi mesi, mio figlio tenne sul tavolino della colazione quella straordinaria manifestazione della natura e di tanto in tanto mi chiedeva chi fossero gli abitanti del Regno degli Alberi.

«Folletti e gnomi» - gli rispondevo io. Lui li disegnava con le matite colorate e mi spiegava, con gli occhi colmi di entusiasmo, i poteri soprannaturali di ogni creatura che popolava quel suo mondo fatato.

Tuttavia, la *bellezza* non è soltanto naturale, ma anche **culturale** e **umana**. Una casa pulita, profumata e ordinata consente al bimbo di sperimentare mille attività differenti in un ambiente consono alle sue esigenze. Un libro di racconti aiuta i nostri figli a scoprire la bellezza nascosta nei **suoni**, nelle **lettere** e nelle **parole**. Anche il racconto della giornata lavorativa della mamma, del papà o del fratello maggiore può essere un'occasione per stupirsi e apprendere mille cose nuove. Quest'ultima è dunque la bellezza dell'**ascolto**. Infine, il bimbo può fare esperienza di una bellezza molto funzionale allo sviluppo cognitivo e motorio: quella che riguarda i **compiti portati a termine** nel migliore dei modi. Certo, è probabile che l'inesperienza infantile sia causa di errori e di fallimenti. Ricordi il bimbo che rovescia l'acqua sui suoi vestiti nel tentativo di bere in autonomia? Tuttavia, con l'aiuto tangibile degli adulti, ogni attività si trasforma in un'operazione semplice e immediata. Tagliare i pomodorini da mettere nell'insalata è inizialmente difficile. La prima volta, i tocchetti saranno imprecisi e un po' acciaccati. Nel giro di qualche settimana, però, il bimbo imparerà a utilizzare il coltello con precisione e, così facendo, a colorare la cena della famiglia con i mille colori di frutta e verdura di stagione. È in una situazione di questo tipo che il genitore, di fronte ai miglioramenti dell'ultimo arrivato in famiglia, è chiamato a dispensare lodi e parole di incoraggiamento. Quello che sto cercando di dirti è che di occasioni per educare alla bellezza, *beh*, ce ne sono a bizzeffe. E sai perché? Perché la bellezza dipende dallo sguardo che adulti e bambini rivolgono al mondo.

La bellezza è una forma di interpretazione.

Ecco svelato il motivo per cui è necessario ritrovarla nelle piccole cose, senza nasconderla agli occhi dei nostri figli. Basta un piccolo gesto quotidiano per consentire loro di amare la natura, gli animali, la casa e i momenti trascorsi insieme ai coetanei.

<u>Attenzione</u>: prima di procedere, ti chiedo due minuti della tua attenzione. Ho riflettuto a lungo se inserire o meno questo breve specchietto informativo ma, dal momento che il problema è assai diffuso, credo che una breve riflessione sia sempre utile. Mi capita, di frequente, di interfacciarmi a parenti, amici o colleghi di lavoro che, alla vista dei miei figli o di quelli altrui, si lasciano andare a esclamazioni sessualizzanti del tutto fuori luogo. Tra le tante, quella che più mi rincresce è la seguente: «No,

non ci posso credere. Guarda quanto sei cresciuto! Con questo tuo bel visino non dovresti aver problemi a trovare un/una fidanzatino/a nella tua classe, eh!» - con tanto di occhiolino complice al genitore, come a dire: « *Ah, il tuo pargolo comincerà a farti dannare. Pronto?*». Atteggiamenti di questo tipo sono dannosissimi: da un lato, infatti, non riconducono l'attenzione del bimbo sulle proprie qualità interiori e, dall'altro, creano dubbi e incomprensioni. Le nuove generazioni avranno tutto il tempo di imbarcarsi in relazioni sentimentali più o meno ingenue e durature. Ma un bimbo di 8-9 anni ha il diritto di essere, innanzitutto, un bimbo curioso, dinamico, carismatico e spontaneo. I complimenti che, di frequente, ci sentiamo in dovere di rivolgere ai nostri piccoli interlocutori dovrebbero concentrarsi sui talenti e le doti intrinseche: «Scommetto che in classe tutti ti vogliono bene perché sembri un bimbo coraggioso e generoso», o ancora «Le tue amiche sono fortunate ad avere nel loro gruppo una ragazzina tanto onesta e dolce». Punto. Smettiamola una volta per tutte di pretendere dai nostri figli una lettura della realtà troppo matura per la loro età, salvo poi lamentarci del fatto che «mio figlio è diventato materialista da un momento all'altro». Ricorda che i bimbi assorbono gli stimoli interpersonali come spugne. *Difendi quindi la sua genuinità, costi quel che costi.*

2 – L'importanza della libertà di espressione

Mio caro lettore, mia cara lettrice, nei capitoli precedenti abbiamo compreso quanto il giudizio dei genitori sia importante per il bimbo – *fino all'arrivo della preadolescenza prima, dell'adolescenza poi.* Voglio quindi ricondurre la tua attenzione su una trappola educativa che, tralasciata da molti educatori, gioca un ruolo chiave nel raggiungimento del benessere infantile. *Partiamo da un presupposto*: sul piano inconscio è naturale cercare in nostro figlio l'immagine di noi stessi. I papà sono fieri di tifare la squadra del cuore in compagnia del primogenito maschio, mentre le mamme sono liete di condividere con la femminuccia consigli di stile o sul taglio di capelli.

L'idea che il bimbo «sia come noi» ci tranquillizza e ci appaga.

Tuttavia, di frequente perdiamo di vista l'obiettivo ultimo dell'educazione: il raggiungimento dell'indipendenza e della libertà. Di frequente evitiamo di chiedere ai nostri figli *«Cosa ne pensi? Cosa ti piace?»*. Con questo non intendo consigliarti un approccio al *discussionismo,* già criticato nelle pagine precedenti; il punto non è delegare le scelte sulle questioni formative preminenti, ma semplicemente tenere in considerazione le idee e le preferenze degli ultimi arrivati in famiglia. Perché se è vero che l'accordo passivo dei bambini è <u>più conveniente</u> di liti e conversazioni infinite, è anche vero che le diversità forgiano il carattere degli adulti di domani e favoriscono la scoperta di nuove prospettive, di inediti punti di vista. Insomma, tutte le volte in cui «imponiamo» ai bambini la nostra visione del mondo, inibiamo in loro il pensiero creativo, l'intelligenza e l'abilità di *problem solving* su cui si basa lo sviluppo cognitivo. Quando domandai a un piccolo paziente come avesse intenzione di parlare ai propri genitori delle difficoltà avvertite in famiglia, se in una lettera o a voce, mi rispose: *«Io non sono capace di scegliere, perché non me lo dici tu?»*. L'auto-consapevolezza di non aver allenato a sufficienza la capacità di prendere una decisione mi lasciò spiazzata (e non poco). Fu così che, in un lento iter di crescita, m'impegnai attivamente affinché il mio interlocutore capisse ciò che gli piaceva e ciò che lo rattristava, ciò che era meglio per lui e ciò che lo danneggiava. Per riuscire nell'intento, ti consiglio di evitare tutte quelle espressioni che – dette in «buona fede» per evitare inutili dispiaceri nel bimbo – finiscono per imporre su di lui il punto di vista dell'adulto. Mi riferisco a «Ma dai, sbagli a pensare così!», oppure «Tanto lo so che ti piace venire in bicicletta con me, non è vero?» o ancora «Scegli questo quaderno, quell'altro è brutto». L'alternativa esiste ed è più intuitiva di quanto tu possa credere. Via libera a frasi aperte, come «Non so se il tennis possa fare al caso tuo, ma se ti va di provare possiamo andare insieme al campetto qui vicino e fare una lezione», «Mi dispiace molto per la tua giornata storta. Posso fare qualcosa per aiutarti a stare meglio?» e infine «A me questa maglietta non piace molto, ma se vuoi comprarla, prendila!». In altri termini, l'opinione del genitore riveste un ruolo di fondamentale importanza, purché le idee degli adulti non siano percepite come l'unica alternativa possibile.

3 – Cartoni animati, sì o no?

È una domanda frequente. La diffusione via via crescente di canali TV dedicati ai bambini con un'età compresa tra i 4 e gli 8 anni rischia di produrre più di un malinteso: le neomamme e i neopapà cadono nell'errore di credere che, in virtù della «fascia protetta», sia possibile lasciare i bambini da soli, seduti per ore di fronte agli schermi di tablet e televisori. Se da un lato è importantissimo che un genitore cerchi di ritagliarsi dei momenti liberi da dedicare a sé stesso, dall'altro è bene ribadire che i cartoni animati – così come l'uso degli schermi – non dovrebbero giustificare *l'isolamento* dei più piccoli.

Procediamo con ordine e valutiamo dapprima i **rischi**. Il primo problema, nonché il più evidente, è la difficoltà per l'ultimo arrivato in famiglia di comprendere in autonomia il contenuto di ciò che vede. La mancanza di filtri genitoriali in presenza di spot pubblicitari dalle canzoncine orecchiabili e dai colori accattivanti, in aggiunta a una percezione del tempo alterata, è in grado di procurare una difficoltà emotiva non sottovalutabile. Il motivo è da rintracciare nell'**essenza commerciale dei cartoni animati per i più piccoli**. Gli eroi e i protagonisti più in voga del momento «escono», infatti, dallo schermo della TV per entrare nella realtà quotidiana dei nostri figli sotto forma di gadget per la scuola, giocattoli, diari personalizzati, braccialetti, t-shirt, scarpine e chi più ne ha più ne metta. Peppa Pig, le Winx, Masha, i PJ Masks e gli altri personaggi di tendenza sono a loro volta promotori di un mondo in cui si agisce senza preoccuparsi delle conseguenze di un'avventura memorabile: c'è chi combatte contro i cattivi, chi ignora i consigli degli adulti per trarre in salvo un amico in difficoltà e chi, invece, fa dell'egocentrismo e della tirannia sugli altri il proprio tratto distintivo. Ora, non è mia intenzione passare in rassegna l'universo multimediale dei più piccoli per distinguere passivamente tra cartoni buoni o dannosi. Quel che è importante è affiancare il bimbo nella fruizione delle singole puntate, interagendo con lui e stimolandolo alla riflessione critica. E non sono l'unica a sostenere un approccio meno giudicante: già nel 1980, in un articolo di denuncia, il celebre romanziere per bambini Gianni Rodari si definì «dalla parte di Goldrake», tentando di mettere a tacere le critiche genitoriali riguardanti i cartoni animati più violenti.

Ma quali sono – se ci sono – gli aspetti educativi dei cartoni animati?

Innanzitutto, il ricorso alle immagini consente ai nostri piccoli interlocutori di rendere più semplici gli episodi complessi della realtà. Hai già imparato che il pensiero magico-esecutivo dei bimbi è «allergico» al *discussionismo* dei tutori. Nei cartoni animati la rappresentazione di emozioni e problematiche quotidiane in maniera visuale e immediata offre l'opportunità di sottoscrivere un abbonamento full-time a una palestra educativa da 110 e Lode. Purché, lo ripeto, i genitori siano in grado di intercettare le difficoltà cognitive dei bambini, fornendo risposte in maniera tempestiva, ironica e semplice. Come se non bastasse, i contenuti multimediali destinati a un pubblico infantile favoriscono l'<u>arricchimento linguistico</u> della prima o della seconda lingua (l'inglese, ad esempio). Non meno interessante è l'ascolto di audiolibri, la lettura di racconti e *librettini*, nonché la lettura ad alta voce in compagnia di mamma e papà.

Nel dettaglio, i miei consigli pratici sono essenzialmente tre:

- Stabilire in compagnia del tuo partner quali cartoni mostrare all'ultimo arrivato in famiglia: il mio consiglio è di preferire cortometraggi illustrati – come quelli prodotti dallo Studio Ghibli, ad esempio – o dedicando un po' di tempo alla ricerca di contenuti con un elevato livello educativo, consoni alle sfide che il bimbo affronta in un determinato periodo dello sviluppo.

- Prediligere i cartoni animati in cui è possibile operare collegamenti con episodi di «vita vissuta», correlati alla rappresentazione di valori positivi (l'amicizia, l'altruismo, l'onestà, la sincerità, il fallimento, la voglia di mettersi in gioco, l'autostima ecc.).

- Durante la fase di visione, non devi sorbirti passivamente gli episodi che interessano al piccolo, guardandoli uno dietro l'altro. Dedica piuttosto 2-3 minuti al termine della puntata per analizzare ciò che è accaduto. È opportuno descrivere i personaggi e le ambientazioni, collegare le reazioni del protagonista a quelle del bambino o domandare quale elemento del cartone animato si ritiene più divertente/stimolante. A mano a mano, potenzierai la capacità di «visione critica» di tuo figlio.

Non mi resta che augurarti... *buon divertimento!*
Hai già preparato i pop-corn?

4 - *«Perché, perché, perché?»* - Le domande filosofiche dei bambini

Estenuanti per i genitori, divertenti per amici e colleghi, formative per i nostri piccoli interlocutori: le domande e i tanti «perché» assumono molte forme. Sono infatti il punto di partenza da cui comprendere la realtà, trovare spazi in cui fantasticare e adottare strategie di sostegno basate sulla caratteristica più importante dei nostri figli: *la curiosità.* Il punto numero quattro di questo capitolo non può che essere dedicato ai quesiti (spesso filosofici) che i bimbi ci rivolgono a bruciapelo, magari mentre siamo tutti presi in attività pratiche - «Dove ho messo la ricetta per la torta di patate?»,

«Non ricordo di aver risposto a quell'e-mail di lavoro...», o ancora «Ma la bolletta quand'è che scade?».

Se la mente di un adulto è occupata da preoccupazioni pratiche e tangibili, quella di un bimbo non è da meno. Dopotutto, <u>la conoscenza è sinonimo di indipendenza</u>. E l'indipendenza, come detto, è l'essenza dell'educazione infantile. La scoperta, inscindibile dalla maturazione dei bambini, è un lavoro full-time che va preso (molto) seriamente. *Porre* e *porsi* domande è quindi un'esigenza fondamentale, proprio come mangiare, dormire e giocare. Il genitore che condanna la *curiosità* come «un'abitudine fastidiosa» impedisce al figlio di comprendere il funzionamento di corpo, mente, emozioni e individualità.

Ma procediamo con ordine. Innanzitutto, gli adulti sono abituati a rispondere a tutti quei quesiti che assumono la forma verbale. Se ti chiedessi di fornirmi una definizione di *domanda*, è probabile ti limiteresti a rispondermi «un insieme di parole che terminano con un punto di domanda», o giù di lì. Tuttavia, sappi che quella verbale non è l'unica comunicazione possibile. I bambini appena nati, alle prese con le primissime attività relazionali, si esprimono con sguardi eloquenti che si spostano sulla persona o sull'oggetto di loro interesse. È una tacita domanda: *«Posso avvicinarmi? Toccarlo? Fidarmi?»*. Quando le manine si posano su un giochino, lo portano alla bocca, oppure lo comparano, lo lanciano, lo nascondono o lo soppesano, tentano innanzitutto di interagire con un *quid* nuovo e incomprensibile. È questa la forma di esplorazione che, con gli anni, lascerà il posto a quesiti verbali sempre più intricati e complessi. Cogliere le domande silenziose dei nostri piccoli interlocutori è un buon modo per orientare il comportamento parentale all'utilizzo di risposte pratiche – cioè volte a dimostrare, in maniera esecutiva, l'utilizzo di un oggetto.

Come detto, alle **domande d'azione** si aggiungono quelle **testuali**, fatte di parole e di punti interrogativi. Ora, è molto importante prendere ogni «perché?» fanciullesco con la massima serietà. La regola è valida anche nel caso in cui il bambino dovesse ostinarsi a rivolgere quesiti considerati sciocchi, ingenui e ripetitivi. La ripetitività, nei nostri piccoli interlocutori, è un bisogno di certezza, un SOS silenzioso che invita i tutori alla chiarezza e alla coerenza. Dopotutto, la formulazione diretta e (spesso) semplicistica dei nostri figli ha il privilegio di andare dritto al punto delle cose. Insomma, per citare le parole della pedagogista Monica Guerra sul blog di Uppa: "Il fatto che siano domande espresse diversamente da come le formulerebbe un adulto non significa affatto che siano meno intelligenti, anzi. [...] Sono sempre domande da prendere sul serio".

Il motivo è da rintracciare nell'intento investigativo del quesito infantile. I nostri piccoli *Sherlock Holmes in erba* osservano il mondo, si impegnano nelle azioni che permettono di interagire con esso dentro e fuori casa e, infine, chiedono ai genitori *se* e *come* le loro ipotesi siano state valide (oppure migliorabili). È questo il motivo principale per cui i tutori e gli educatori dovrebbero innanzitutto sospendere il giudizio e fare spazio all'ascolto, mettendosi alla ricerca di una soluzione <u>in compagnia</u> del proprio interlocutore. Valutando insieme le differenti possibilità che la realtà offre, le nuove generazioni riusciranno a trovare soluzioni plurime a una singola questione, allenando la loro mente creativa.

Ogni domanda, *mio caro lettore*, è una possibilità formativa.
Non lasciartela sfuggire.

5 - «*E se mio figlio dice le parolacce?*»

Qualche tempo fa, una madre preoccupata a causa della deriva comportamentale del primogenito mi scrive un'e-mail. «Sono la mamma di tre bambini e non so più come comportarmi in casa» - esordisce. «Il mio primo figlio, in particolar modo, è un bambino dolce e gentile. Tuttavia, c'è una cattiva abitudine che ha preso di recente e che mi manda su tutte le furie. Continua a dire parolacce ed espressioni scurrili che lui considera divertenti. Fa versi osceni e ripete "pisello", "patata" e "cacca" per attirare l'attenzione dei fratellini minori. Ho provato a sgridarlo in tutti i modi, a metterlo in punizione e a coinvolgere anche il papà, facendogli presente che così non può andare avanti. Potrà sembrarle una sciocchezza, ma il fatto che lui continua in maniera imperterrita rende la cosa davvero molto irritante. Ho provato anche a fargli capire che alcune parti del corpo sono private e che quindi non possono essere motivo di scherzi e battute tanto volgari. La sua attenzione dura qualche secondo, si gira e torna a urlare in casa come se non gli avessi detto nulla. Può aiutarmi a farlo smettere? Esistono tecniche educative contro le parolacce? Sono davvero disperata!» conclude.

Mio caro lettore, mia cara lettrice, non voglio essere né ripetitiva né scontata, ma mi permetto di ricondurre la tua attenzione su un aspetto che reputo di fondamentale importanza: la distinzione tra *parole* e *parolacce* è una convenzione sociale che getta i bambini nella confusione più totale. Non è un caso che espressioni scurrili e «fuori luogo» siano più o meno tollerate a seconda dei contesti in cui le si pronuncia. Credo sia capitato a tutti, nell'intimità domestica o nella complicità di un gruppo di amici, di sbottonarsi più del dovuto e di aver «parlato sporco» - che dir si voglia. Per giunta, rispetto a un passato (recente) in cui il turpiloquio era motivo di sanzioni penali, al giorno d'oggi queste espressioni sono comuni e, per certi versi, entrate di diritto nel linguaggio comune.

Ora, comprendo le preoccupazioni della mamma che mi ha inviato una richiesta d'aiuto, ma non credo sia il caso di ingigantire la questione. Tutt'altro. È naturale che le nuove generazioni siano affascinate dalle parolacce. Infatti, non soltanto sono considerate proibite (quasi magiche), ma hanno anche il vantaggio di suscitare negli adulti una reazione di stupore, di indignazione o di ilarità – a seconda dei contesti. Insomma, basti pensare alla tendenza tipicamente adolescenziale di fare un utilizzo massiccio di espressioni trasgressive, al solo scopo di mettere in crisi le convenzioni sociali tanto care ai tutori.

La domanda sorge, dunque, spontanea: *come comportarsi? Che fare?* Immagino che la mamma della testimonianza non mi avrebbe scritto una lettera tanto accalorata se il primogenito avesse utilizzato termini appartenenti al linguaggio «forbito», tipico del mondo adulto: «feci, pene, vagina, odori sgradevoli, coito ecc.». Eppure, a pensarci bene, le parole in questione hanno lo stesso significato di quelle scurrili e inopportune che tanto piacciono al bimbo. Di fronte alla reazione emotiva della mamma, il piccolo di casa scopre un punto debole della sua interlocutrice. Ed ecco che, quasi per scherzo, l'idea di far arrabbiare i genitori con il potere di una parolina magica si trasforma... *in un gioco divertente!* Per interrompere il circolo vizioso sarebbe sufficiente ignorare il piccolo di casa, comprendendo razionalmente il motivo per cui alle nuove generazioni piacciono tanto le espressioni trasgressive di cui sopra.

Al contempo, però, mantenere la calma in un contesto familiare tanto burrascoso non è facile: la buona educazione impone di evitare l'utilizzo di parole scurrili. Far finta di nulla sembra dunque una mancanza formativa intollerabile, un incentivo a continuare lungo la strada delle offese e delle trasgressioni verbali. Il mio consiglio, per quanto semplice, si suddivide in due micro-azioni quotidiane: **A)** i genitori sono tenuti a evitare l'uso di termini che, a loro volta, non vogliono sentir uscire dalla bocca dei pargoli. Come detto in precedenza, il buon esempio è il punto di partenza da cui correggere e contenere gli «scivoloni comportamentali» del ragazzo. In secondo luogo, **B)** è conveniente giustificare il motivo per cui è bene evitare parolacce e offese di ogni genere. Nella vita associata, infatti, <u>le parole hanno il potere di offendere, intristire, ferire e danneggiare i nostri interlocutori</u>; ma anche di renderli felici, orgogliosi, sorridenti e di buonumore. Sta a noi scegliere quale strada percorrere in compagnia dei più piccoli. Una cosa è certa: giustificare il divieto di dire «pisello» o «patata» a causa dell'esistenza di *parti del corpo proibite* non è una buona idea. Il corpo non è e non dev'essere motivo di divieti e di tabù. Mandare messaggi tanto distorti rischia di compromettere il canale comunicativo di cui il giovane si servirà quando farà esperienza delle prime pulsioni sessuali, del ciclo mestruale o della perdita della verginità.

Con il passare del tempo, riuscirai a prenderti cura dell'intelligenza emotiva e della facoltà verbale del tuo piccolo interlocutore.

In bocca al lupo!

L'educazione silenziosa in ogni fase della crescita

Tempo al tempo!

"Mai aiutare un bambino mentre sta svolgendo un compito nel quale sente di poter avere successo" – *Maria Montessori*

Ti sei mai chiesto il motivo per cui i bambini... *non vanno mai di fretta?* Io sì, e per fare chiarezza sull'annosa questione ho tenuto un breve seminario in una decina di scuole elementari, di fronte a un pubblico ben nutrito di genitori, pedagogisti e insegnanti. Per introdurre il discorso mi servii di una breve storiella.

Voglio trascriverla qui di seguito.

Due sono le protagoniste di questa magica vicenda: una lepre dalle zampette agili e una goffa tartaruga dal carapace un po' pesante. Un bel giorno di primavera, le due amiche decisero di partire per un lungo viaggio, ma subito incapparono nelle prime difficoltà: se da un lato la lepre correva agile e svelta, senza mai fermarsi sul ciglio della strada, la tartaruga procedeva lentamente, *molto lentamente.*

«Suvvia, possibile che tu sia sempre così flemmatica?» - la esortava la lepre con espressione di disappunto. Dal canto suo, la tartaruga non si lasciava innervosire dai continui richiami dell'amica. Anzi, non perdeva mai l'occasione di ammirare i colori sgargianti di un fiore appena sbocciato, oppure di osservare le gocce di rugiada che scivolavano sulle foglie inumidite dalla brina notturna. *«Ma guarda che fiore curioso. Lo conosci? E perché mai avrà i petali di due sfumature di rosso differenti?»* - domandava il carapace, ignorando i saltelli nervosi della compagna. Dopo una decina di passi, la tartaruga tornava a fermarsi, ammirava la natura e chiedeva alla compagna di viaggio di fare lo stesso.

Ma quella, testarda e via via più insofferente, la esortava a procedere a una velocità maggiore: «Non sai come sia bello e soddisfacente correre all'aria aperta, col vento che ti solletica i baffi. Io sì che riesco a godermi la vita!». La tartaruga, che in cuor suo rispettava le opinioni della lepre e amava molto la sua compagnia, provò a tenerle testa in tutti i modi. Ma le sue zampette erano tozze e pesanti. A ogni sprint il povero carapace ruzzolava sulla strada e s'incastrava tra le radici dei pini secolari. Dopo lunghi giorni di cammino, la lepre decise di rallentare. Stabilì dunque che fosse la sua amica a dettare il ritmo di viaggio. A poco a poco, la lepre comprese i talenti e le fragilità della sua amica; capì cosa la spaventava, quali colori la emozionavano, in quali attività eccelleva. E a mano a mano che la lepre e la tartaruga condividevano l'esperienza del viaggio allo stesso passo, il carapace acquisiva sicurezza nelle sue potenzialità. Le zampette, un tempo tozze e un po' impacciate, diventavano ogni giorno più forti e scattanti. In breve tempo, la tartaruga raggiunse la velocità della lepre e quest'ultima saltò in groppa alla sua fedelissima compagna di avventure. Le due amiche, l'una col sostegno dell'altra, riuscirono finalmente a godersi l'esperienza che le attendeva. Tra meraviglie naturali, salti, acrobazie, amici e nascondigli perfetti in cui trascorrere la notte, la lepre e la tartaruga restarono fianco a fianco per lunghi anni. Infine, un bel giorno, serene e a cuor leggero, si separarono... *con la promessa di portare nel cuore il ricordo dell'altra.*

Avrai compreso che il mio racconto è ispirato alle fasi di crescita e allo sviluppo dei nostri figli. Il bambino che procede lentamente, proprio come la piccola tartaruga della storia, non è mosso né da egoismo né da egocentrismo. Più semplicemente, non è in grado di comprendere i bisogni degli adulti (i leprotti) e necessita di tempo per adeguare il proprio ritmo di vita a quello dei tutori. Nei primi 3 anni, dopotutto, l'ultimo arrivato in famiglia è coinvolto in un processo di identificazione e **riconoscimento del proprio Sé**; deve dunque maturare una vasta gamma di abilità motorie, linguistiche e cognitive interagendo in maniera spontanea con l'ambiente che lo circonda. In una fase preliminare dell'educazione infantile è del tutto naturale procedere lentamente, servendosi della curiosità e delle domande per scoprire il mondo un passo alla volta. È soltanto dai 3 ai 6 anni di vita che il pargolo riesce a perfezionare le competenze acquisite: vuole parlare meglio, essere più preciso nei movimenti, portare a termine le attività manuali con maggior successo. Infine, dai 6 ai 10 anni d'età il giovane ha tutte le carte in regola per spostare l'attenzione da sé agli altri; è questa la fase in cui si scopre il primo gruppetto di amici, il piacere di stare insieme, di confrontarsi e di competere a scuola, nella musica o nello sport.

Insomma, ogni fase dello sviluppo preadolescenziale consente di apprendere o di approfondire una determinata abilità. Ora, non commettere l'errore di credere che il compito di una super-mamma e di un super-papà sia quello di guidare il pargolo *step by step*. Maria Montessori fu la prima, tra i pedagogisti della scuola novecentesca, a ribadire quanto i nostri figli siano capaci di orientarsi in questo viaggio di maturazione in completa autonomia, auto-regolando le abilità acquisite in ogni fase della crescita. La brillante educatrice tricolore chiamava quest'innata capacità il **«maestro interiore»** dei bimbi: una guida oggettiva, universale e profonda che induce i nostri piccoli interlocutori a compiere passi in avanti, in direzione dell'evoluzione, mediante esperienze costruttive, soddisfacenti e coerenti alle proprie capacità di base. Non meno importante è la figura dell'adulto: i genitori sono in grado di facilitare l'avanzamento del proprio figlio, senza forzare o rendere stressante *il viaggio* del bimbo. Per riuscire nell'intento, è sufficiente organizzare un ambiente adatto, pulito e sicuro in cui sia lecito sperimentare, fare uso di umiltà e pazienza in fase educativa, mettere da parte punizioni, umiliazioni o ricatti e, soprattutto, prendendo il gioco con la massima serietà. È proprio la componente ludica, infatti, a potenziare le qualità intrinseche degli adulti di domani.

Nel suo *Qui abita un bambino*, Maria Montessori scrisse: *"I genitori hanno fretta, sempre, i bambini mai"*. Da un lato, infatti, i genitori pretendono il miglior risultato nel più breve tempo possibile e, dall'altro, il ragazzo agisce in maniera ponderata, calma e orientata al raggiungimento di obiettivi sempre più complessi. Mentre i tutori fremono perché il piccolo allacci le scarpine e indossi la giacca per andare a scuola, i nostri figli – se soltanto potessero – scioglierebbero i lacci e toglierebbero il cappotto soltanto per ripetere l'operazione una seconda volta. Dopotutto, in accordo a quanto suggerito nei capitoli precedenti, la ripetizione ha un forte valore formativo nei primi anni di vita del bimbo. La Montessori scoprì che la ripetizione di un gioco o di un esercizio è alla base della <u>comprensione:</u> quella in ambito familiare e alimentare, scolastico e relativo al gioco o alla cura dell'igiene personale. E come darle torto? Non è raro incontrare bambini di 2-3 anni che, dopo essersi lavati le manine in compagnia degli adulti, sentono il bisogno di ripetere l'attività appena portata a termine. Dopotutto, l'obiettivo non consiste nell'avere manine pulite e profumate prima di mangiare la pizzetta, bensì nella ripetizione corretta di una procedura che porta soddisfazione.

Insomma, compito del genitore è vestire «la pelliccia» di una perfetta lepre di campagna: come la protagonista della storia decide di diminuire l'andatura per godersi l'esperienza del viaggio al fianco della tartaruga, così il bambino ha tutto il diritto di attivare il «maestro interiore» che è in lui: una guida spirituale, un guru delle attività pratiche e un infallibile Grillo Parlante che – in accordo alle scoperte dello scienziato di origini olandesi Hugo de Vries – permette ai nostri piccoli interlocutori di nutrirsi soltanto di attività, giochi e competenze di fondamentale importanza per lo sviluppo.

E se nei bimbi di due anni l'aspetto sensitivo dominerà su quello esecutivo (portarsi alla bocca gli oggetti, toccare la copertina prima di dormire, sentire al tatto la pelle di mamma), dal terzo anno di vita in poi si paleserà il naturale istinto per simboli, parole, suoni e procedure sociali complesse. Come per magia, la lettura dei libri illustrati diventerà motivo di enorme interesse. Nei panni di mamma e papà hai il compito *delicatissimo* di favorire l'evoluzione del bimbo-tartaruga in maniera spontanea, libera e indipendente. No alle forzature, no alle fatiche eccessive, no a tempistiche che non tengono conto della propensione dei nostri figli alla lentezza.

Una lentezza che, lo scopriremo insieme, "passa di conquista in conquista, in una continua vibrazione vitale, che tutti abbiamo riconosciuto chiamandola gioia o felicità infantile" – ci suggerisce Maria Montessori.

L'educazione è una questione di attesa – Come insegnare ai bambini il valore della pazienza?

«Ah, certo che non si ferma mai un secondo...» - sentenzia una signora di mezz'età quando con la mia primogenita, al tempo non più grande di otto anni, mi ritrovo a girovagare tra i corridoi di un ipermercato alla ricerca di un regalo di compleanno per il mio maschietto. Dopo una lunga serie di «Questo non mi piace!», «E se gli compriamo questo gioco?» o ancora «Guarda che bello il castello delle principesse!», decido intanto di acquistare un paio di scarpette da ginnastica. *Ero certa che sarebbe stato un regalo graditissimo!* Il mio secondogenito si era da poco innamorato dell'NBA statunitense e, tra una rivista di basket e l'altra, aveva stabilito di tifare i *Timberwolves Minnesota*. Come fosse riuscito nell'intento, poi, era un mistero inspiegabile: match in TV e riviste varie ed eventuali erano in inglese. Ma lui, ostinato come tutti i bimbi della sua età, continuava a

sfogliarle con l'avidità di un Indiana Jones che ha messo le mani sulla mappa di chissà quale tesoro maledetto. Prima di arrivare in cassa, mia figlia viene evidentemente colpita da un attacco di gelosia acuta *(acutissima)*. Prende a battere i piedi a terra e a piangere lacrime di coccodrillo, pregandomi di acquistare un paio di scarpe da tennis anche per lei.

«Non sono necessarie, le hai ricevute per la promozione scolastica e sono ancora in ottimo stato...» - le rispondo. Tra un pianto liberatorio e l'altro, mi chiede di ricevere lo stesso paio di sneakers del fratello per il giorno del suo compleanno. «Ma non è giusto... il mio compleanno è a giugno e quello di Vittorio a febbraio. Perché è sempre più fortunato di me?» - mi domanda, rossa in viso per la frustrazione. Pago le scarpe e le dico che ne avremmo parlato a casa. «Così mi spieghi perché ti sei arrabbiata e cerchiamo di evitare che accada in futuro. Adesso sono molto stanca, continueremo questa conversazione più tardi» - le ripeto. Consapevole della mia fermezza, si chiude in un mutismo ostinato che rompe soltanto in macchina, quando passa in radio una delle sue canzoni preferite.

Ora, la mia breve testimonianza «cade a fagiolo» con quanto scritto da Maria Montessori nelle sue meravigliose pagine educative. La filosofa e pedagogista italiana sottolineava l'importanza di allenare la pazienza, il senso di comunità e il valore dell'attesa nei bimbi di tutte le età. Se hai mai avuto la fortuna di mettere piede in un'aula di scuola a indirizzo montessoriano, sarai rimasto sicuramente incuriosito dall'area gioco: una tela bianca disposta in un angolo della stanza con un solo pennello, una sola bambola, una sola pista di macchinine, una sola torre di mattoncini colorati e così via. La presenza di materiale «in unica copia», diciamo così, ha il vantaggio di allenare il senso di rispetto, comunicazione e scambio all'interno del gruppo-classe. I piccoli studenti, prima o poi, dovranno per forza di cose vivere l'attesa che precede l'utilizzo di un gioco o di una postazione da disegno. Il vantaggio è duplice: **A)** migliorare la capacità intrinseca di essere tolleranti, comprensivi, calmi e pazienti. Inoltre, **B)** favorire la cooperazione condivisa tipica del gioco di squadra. Il «fare insieme» ha un valore importantissimo perché permette di comprendere che, con un po' di pazienza, il turno di giocare, provare, possedere o divertirsi arriva per tutti. Nessuno escluso.

L'importanza dell'attesa è valida quando si desidera coccolare una bambola in mano a un'altra bambina, quando si scrive la letterina per Babbo Natale con un mese di anticipo e si freme dalla voglia di scartare i regali o, ancora, quando si è tenuti ad aspettare che l'interlocutore finisca di parlare prima di rispondere.

Il mio breve *riassuntino* pedagogico vuole consigliarti un approccio orientato alla **pazienza**.

È compito dei genitori, infatti, educare i bambini alla gestione della frustrazione emotiva derivante dall'impossibilità di «*avere tutto e subito*». Di frequente, tuttavia, ho avuto modo di scoprire che sono i tutori stessi ad acconsentire alle richieste capricciose dei figli, domandando ad altri genitori di «fare spazio anche al mio» o (ancora peggio) imponendo che «il mio bambino dev'essere considerato, altrimenti non lo manderò ad allenarsi in questa squadra di calcio mai più. Chiaro?». Questi comportamenti disfunzionali negli adulti sono quanto di più distante dall'immagine del genitore «paziente e umile» che Maria Montessori sognava di vedere al fianco delle nuove generazioni.

Sul piano pratico, le richieste del bambino devono essere processate nei modi e nei tempi più consoni. I tanti «voglio mangiare», «voglio vedere i cartoni», «fammi andare a giocare al parco» o ancora «voglio quel gioco» rischiano di spaventare mamme e papà meno allenati, facendo vacillare il proposito educativo. Ma ti consiglio, con la più assoluta convinzione, di prendere tempo e di allenare gradualmente la pazienza dei bambini.

Un esempio?

«Voglio andare a vedere i cartoni in TV! *Dai, dai, dai!*»

«Non hai ancora finito di mangiare, tra un secondo puoi andare. Aiutami a sparecchiare prima, oggi sono molto stanca...»

«Ma non ho voglia! Voglio vedere i cartoni animati!»

«Un attimo solo, fra poco si potrà!»

«Ma così mi perderò la sigla e la prima parte della puntata...»

«Non è un problema. Se non riesci a vedere tutto l'episodio, dopo aver fatto i compiti lo riguardiamo insieme con il mio telefono. Ci mettiamo sul divano e prepariamo i pop-corn. Ora, aiutami a sparecchiare, anch'io sono molto stanca...»

Il dialogo appena mostrato ha tutte le carte in regola per appartenere alla categoria della **comunicazione funzionale**: il genitore dà priorità alle procedure abitudinarie della famiglia (finire di mangiare tutti insieme e sparecchiare la tavola), ma al contempo offre una soluzione vantaggiosa alla richiesta del piccolo interlocutore (guardare la puntata con la mamma e con il papà). Tuttavia, la promessa è collocata in un momento assai specifico della giornata (dopo aver fatto i compiti). L'obiettivo comunicativo è chiaro: la TV può attendere. Si può accendere, ma si può anche spegnere per lasciar spazio a momenti di condivisione familiare in cui il dialogo, il gioco e il divertimento sono i veri protagonisti. Discorso analogo viene applicato all'annosa questione della cameretta. È inutile riempire la casa di giochi, soprammobili, libri e passatempi vari dalla dubbia utilità. La troppa scelta paralizza la motivazione del bimbo che, incapace di agire in maniera consona all'interno dello spazio domestico, finisce per svalutare, danneggiare, distruggere o ignorare gli stimoli ludici predisposti dai genitori. Il mio suggerimento è di scegliere in compagnia del tuo partner pochi oggetti, ma belli, curati, ordinati e straordinari. In questo modo, darai vita a una cameretta iper-stimolante ma non disordinata, motivante ma non caotica e soffocante. E ricorda: non sempre è necessario acquistare giochi «fatti e finiti»; i manuali di Maria Montessori sono pregni di lavoretti fai-da-te che divertono i bambini, danno il giusto sprint alla creatività e agiscono positivamente sulla capacità di portare a termine compiti manuali via via più complessi.

Infine, lo stesso vale per la vita familiare di due fratelli: non cadere nell'errore di acquistare doppioni di ogni oggetto che si trovi in camera. Una palla, una bambola, una scatola di colori o una sola bicicletta allenano la pazienza dei bimbi e aiutano a evitare i tanti atteggiamenti distruttivi che i nostri figli, invidiosi del fratellino o della sorellina, hanno nei confronti della proprietà altrui. Certo, a volte per motivi economici è importante «tirare la cinghia» e limitarsi a meno giocattoli, usati in maniera collettiva, ma ti assicuro che l'acquisto ponderato ha anche un importante risvolto educativo. Dopotutto, per formare sotto il profilo della pazienza, della generosità e del rispetto reciproco è molto importante creare situazioni ambientali che spingano i nostri figli in quella direzione.

Smettere di urlare è possibile!
L'importanza del gioco di squadra

Mio caro lettore, *mia cara lettrice*, da appassionata di psicoanalisi freudiana e junghiana da ormai oltre quindici anni, ho sempre trovato affascinanti le teorie novecentesche sulla natura dei bambini. Per Freud, i pargoli assumevano il ruolo di individui *«perversi polimorfi»* - cioè dediti al raggiungimento del piacere nel minor tempo possibile, servendosi della propria libido in maniera non orientata alla riproduzione. A proposito, il termine «perversione» è utilizzato da Freud senza alcuna valenza negativa. *Credo sia opportuno specificarlo!* Altrettanto curiosa è la teoria di Alfred Adler, psicoterapeuta austriaco nato a Vienna nel 1870. Passato alla storia per la sua proficua collaborazione con il padre della psicoanalisi, teorizzò due interessanti costrutti mentali: *il complesso di inferiorità* – che tutti noi oggi conosciamo – e *la brama di potere*, altrettanto comune nella società narcisistica a noi contemporanea. Tra le pagine dei suoi scritti, molti dei quali disponibili soltanto nella versione originale in lingua tedesca, scopriamo il punto di vista adleriano sull'annosa questione dello sviluppo infantile. Secondo Adler, il bambino nasce con un potenziale intrinseco « *buono»*. Tuttavia, alcune esperienze negative dell'infanzia danneggiano l'immagine del Sé in maniera evidente, convincendo i nostri figli di non aver diritto di essere amati o rispettati dagli altri. Questa verità, ingenerata da un maltrattamento reale o percepito, si traduce in una mancanza d'amore particolarmente intensa, la quale ha un impatto decisivo sulla vita adulta dell'individuo. È da notare, in tal senso, che i genitori giocano un ruolo molto importante nella formazione del complesso d'inferiorità. Secondo la teoria della psicologia individuale di Adler, tre sarebbero i «livelli educativi» che sortiscono un effetto negativo sulla psiche del pargolo:

- **L'educazione troppo autoritaria** si traduce, nella mente di un figlio, in una mancanza di amore. «Non sono amato e i miei genitori si tengono alla larga da me» - è il pensiero ricorrente.

- **L'educazione troppo consensuale** è veicolo di una permissività, di un *discussionismo* e di un'assenza tangibile di mamma e papà deleteria per il carattere del bimbo, il quale non imparerà l'importanza dell'attesa, della rinuncia e del rispetto.

- **L'istruzione iperprotettiva** si manifesta nel momento in cui il bimbo viene allevato tra quelli che Adler definisce «i tessuti». Noi diremmo «sotto una campana di vetro». Il ragazzo non dispone di spazio a sufficienza per affrontare le proprie paure e per trovare la propria strada nella vita, si sente così privato della fiducia in sé stesso e della sua capacità di auto-regolarsi.

Secondo la teoria adleriana, il motivo di un impatto educativo così dannoso sulla vita dei bimbi deriva dalla loro condizione di iniziale **vulnerabilità**. Di conseguenza, se genitori e insegnanti permetteranno al ragazzo di maturare una concezione di sé positiva, le difficoltà della crescita si risolveranno nel migliore dei modi. In caso contrario, invece, si correrà il rischio concreto di instillare nella mente del nostro piccolo interlocutore il germe del *complesso di inferiorità* - lo stesso che impedirà al bimbo di emanciparsi in accordo alla vocina del «maestro interiore» di Maria Montessori. Le debolezze dell'ultimo arrivato in famiglia assumeranno forme e intensità diverse: c'è chi cercherà di compensare la propria presunta inferiorità con comportamenti aggressivi e tirannici, chi diventerà particolarmente incline a sviluppare dipendenze emotive, chi nutrirà un profondo senso di inadeguatezza e chi finirà per sfociare in piccole-grandi nevrosi che gli impediranno di condurre una vita sociale e interpersonale adeguata. Per quanto la teoria adleriana sia vintage e un po' stagionata – molti sono stati i pedagogisti che, nella seconda metà del Novecento, hanno smentito o confermato le sue ipotesi – devo ammettere che Adler è stato un precursore importante della moderna concezione infantile. Per la prima volta, evitando di ricadere nella suddivisione dei ruoli familiari tanto cara agli studiosi del primo Novecento, lo psicoanalista austriaco ha avuto il coraggio di riassumere il ruolo di entrambi i tutori all'interno di un precetto educativo che reputo funzionale: *aiutare le nuove generazioni a superare la loro condizione di smarrimento, debolezza e malcontento.*

Non posso che concordare con le sue parole.

Uno strumento altrettanto interessante per comprendere noi stessi e i nostri figli, ma meno centrato sul piano scientifico, è senza dubbio la teoria adleriana delle «*mete*» o degli «*stili di vita*». Secondo lo psicoterapeuta, infatti, ognuno di noi, sin dalla più tenera infanzia, sceglie un prototipo di individuo che lo/la rappresenta e al quale rimane fedele per gran parte della sua vita. Celebre è l'esempio fatto da Adler in relazione all'amore; un bimbo che stabilisce di perseguire il *lifestyle* di un sentimento ricambiato sceglierà mete e obiettivi che siano coerenti all'obiettivo finale. Da queste decisioni infantili, spesso del tutto inconsce, deriverà anche il comportamento che quella persona assumerà nella vita adulta. Altrettanto frequente è il caso del ragazzino che stabilisce di non riuscire a portare a termine i compiti assegnati e di essere un disastro sui banchi di scuola; lui/lei si persuade di non essere all'altezza, teme di mostrarsi «senza maschera» per timore di essere vulnerabile e si auto-sabota in tutte quelle occasioni che lo avvicinano al successo.

Ora, non è mia intenzione entrare nel merito della teoria adleriana. Tante sono le letture critiche reperibili online o su riviste specializzate, ma nessuna sembra cogliere l'essenza stessa degli scritti psicoanalitici firmati dal ricercatore austriaco. Perché se è vero che l'ipotesi delle «mete» o degli «stili di vita» non è comprovabile scientificamente, è pur vero che tutti noi nascondiamo un obiettivo finale. Anche la persona più taciturna, ansiosa, introversa e antisociale si attiva, giorno dopo giorno, per raggiungere una meta.

Quale? Difficile stabilirlo.

Ma la consapevolezza di voler essere apprezzati, nonostante i complessi di inferiorità infantili, è un tratto caratteriale universale, riscontrabile anche nelle personalità criminali. Insomma, tutti i comportamenti umani – anche quelli più disadattivi, patologici, violenti e illegali – nascondono il desiderio inconscio di meritare la stima altrui, recando un senso di soddisfazione anche con sé stessi. È questo il motivo per cui la teoria adleriana prende il nome di **psicologia individuale**. A proposito, per saperne di più ti consiglio di leggere *Prassi e teoria della psicologia individuale*, edito da Astrolabio. Un libro *must* per tutti gli appassionati di educazione infantile, psicoanalisi e psicoterapia.

La soluzione educativa più efficace? Cercare un interesse comune

La breve parentesi informativa sul mondo della psicoanalisi e sui rischi del complesso di inferiorità infantile mi permette di approfondire una cattiva abitudine comunicativa che, a mio avviso, è tra le principali cause di deterioramento nel rapporto genitori-figli: **il senso di colpa**. Scrive Daniele Novara in *Urlare non serve a nulla*: "Nei conflitti con i figli mettersi alla ricerca della colpa e del colpevole è quanto di più inutile e mortificante possa esserci e produce solo amarezza, frustrazione e sfiducia". Ricordo la testimonianza di una mamma che, all'apice della frustrazione, mi raccontò di non riuscire a «farsi rispettare» da suo figlio. Il pargolo si era appena iscritto alla scuola media e riportava a casa una quantità di note da capogiro per via dei comportamenti eccessivi, rumorosi e scorretti nei confronti dei compagni e dei professori. La genitrice mi rivelò di fare il possibile. «Quando scopro la nota sul suo diario gli tolgo la merenda, la PlayStation, la possibilità di andare al cinema o al compleanno di qualche suo amico. Ma lui non fa una piega, se ne va nella sua stanza come se niente fosse. Anche a scuola racconta alle insegnanti di essere abituato alle mie punizioni. È assurdo, ma non so come comportarmi. Com'è possibile che sia così resistente al mio intervento educativo?».

Il bambino mostra disinteresse nei riguardi delle punizioni parentali. Da un lato, infatti, la mamma mira a correggere il comportamento scorretto a suon di punizioni «entrate nell'abitudine» e, dall'altro, si arrocca in posizione difensiva, colpevolizzando il bimbo della cattiva condotta scolastica. Insomma, mentre l'adulto continua a «battere il ferro» con i temi della puntualità, della pulizia, della disciplina e dello studio, il ragazzo cerca di ritagliarsi uno spazio in cui perseguire il proprio piacere personale. Non stupisce, dunque, che le colpe addotte dalla madre del racconto siano insignificanti agli occhi del ragazzo. Quest'ultimo è bloccato in una costante lotta domestica in merito a chi ha ragione e chi torto, chi è nel giusto e chi ha sbagliato, chi non cambia mai (la madre) e chi tenta di trovare nuove strade scolastiche e interpersonali (il giovane). La paralisi educativa conduce, col passare del tempo, a una forma di impermeabilità correlata ai rimproveri dei genitori.

Altrettanto eloquenti sono le parole di un mio paziente di 13 anni.

«Io e il mio papà litighiamo per le cose più stupide. L'utilizzo del telefono, lui che vuole guardare la TV mentre io sto cercando di studiare, oppure il fatto che russa tutta la notte e io non riesco a dormire nella mia stanza. Sinceramente sono stanco di arrabbiarmi sempre per gli stessi motivi, <u>è inutile anche parlarne</u>».

L'ultima frase rivela tutta l'amarezza di un giovane adulto incapace di interrompere il loop negativo della relazione con i genitori. Quando i litigi e le incomprensioni si trasformano in un *modus vivendi* all'interno delle quattro mura domestiche, il **dialogo bellicoso** prende il posto di quello **costruttivo** e si configura come un'abitudine (dannosissima). Insomma, l'indifferenza dei nostri figli non dovrebbe sorprenderci più di tanto.

I muri comunicativi e comportamentali in famiglia, se non possono essere scavalcati, vengono ignorati.

La domanda nasce, dunque, spontanea: come evitare il blackout dialogico? *È possibile trovare strategie educative alternative?*

La risposta a queste domande è tutt'altro che banale; meriterebbe di diritto un intero libro dedicato agli *escamotage* comunicativi tra genitori e figli. Tuttavia, voglio fornirti uno spunto di riflessione che mi auguro possa tornarti utile e stimolare la riflessione. È tratto da *Facciamo pace con il conflitto*, edito da Mondadori (2003), della sociologa Marianella Sclavi: "Tutti noi viviamo entro <u>cornici</u> all'interno delle quali diamo per scontate delle premesse senza esserne consapevoli. È perché spesso le <u>premesse implicite</u> di una persona sono diverse da quelle di un'altra e quando interagiamo non ci incontriamo o ci scontriamo. Solo se ci lasciamo spiazzare possiamo uscire dalla nostra cornice abituale e diventare consapevoli delle nostre premesse implicite. È un cammino in altri mondi per conoscere sé stessi".

Sul versante pratico della questione, il rigidismo dello schema di comportamento genitoriale si manifesta tutte le volte in cui le liti in famiglia assumono dei connotati tragicomici.

«Mamma, posso andare al cinema con Carlotta?»

«No, non puoi!»

«Ma perché no? Che ho fatto di male, adesso?»

«Ti ho detto che non puoi. Basta. Non voglio parlarne più. Ora vai in camera tua!»

«Io ti odio, perché mi rovini la vita?»

«Un'altra parola e chiamo tuo padre, poi vediamo chi comanda qui dentro»

E così via, in un climax di violenza verbale e di fraintendimenti educativi. Il problema, in quest'ultimo caso, è imputabile agli adulti: l'idea di formare i propri figli all'interno di **sistemi di pensiero cristallizzati** e immutabili, nonché ingiustificati, impediscono di disinnescare la situazione conflittuale vissuta a tu per tu con i nostri giovani interlocutori.

È tempo di scoprire quali prospettive inedite si nascondono dietro un litigio familiare.

Curioso di saperne di più?

L'asso nella manica dei genitori? Dare una seconda possibilità

Mio caro lettore, mia cara lettrice, lo affermo con la massima convinzione: gli adulti che vogliono educare in un clima di assoluta tranquillità – o come amo ripetere io, «nella famiglia del Mulino Bianco» - adottano dei comportamenti disfunzionali. Il motivo è da rintracciare in una verità con la V maiuscola: il nucleo familiare ottimale è quello in cui si impara a <u>litigare bene</u>. Certo, la strada di accettazione è ancora lunga, ma mi auguro che le ultime pubblicazioni sul tema dell'educazione infantile possano ispirare i genitori, persuadendoli in merito all'importanza del confronto attivo. Dopotutto, gli esempi seguenti sono testimonianza diretta di situazioni quotidiane straordinarie: i figli, anche i più piccoli, sono in grado di <u>riorganizzare la vita domestica</u> in maniera inedita a seguito di un litigio più o meno spiacevole.

La mia piccola paziente mi racconta, in seduta: «Per un lungo periodo di tempo ho pensato che la mia mamma preferisse la mia sorellina minore a me. La riempiva di attenzioni e non le faceva mancare nulla, mentre io me ne stavo in silenzio senza fare nulla. Ogni volta che litigavo con lei perché mi sentivo un po' gelosa, lei non capiva il motivo della mia rabbia. Con il passare degli anni, ho scoperto molte cose. Ho capito che la mamma si preoccupava della mia sorellina perché aveva esigenze diverse dalle mie. Adesso io e lei usciamo insieme, andiamo a fare shopping e a mangiare il gelato. Non sono più arrabbiata da quando la mamma mi ha spiegato perché si comportava così!»

O ancora:

«Qualche settimana fa ho avuto un litigio molto brutto con il mio papà. Lui mi ha detto di muovermi perché ero in ritardo, ma io mi sono innervosito e mi sono messo a piangere. Alla fine, il papà mi ha tirato uno schiaffo sulla testa. In macchina mi ha chiesto scusa e mi ha detto che si è comportato malissimo e che se ne vergogna. Abbiamo fatto subito pace e ci siamo abbracciati perché tutti e due ci vogliamo tantissimo bene».

Per concludere:

«Una volta è successa una cosa molto brutta: volevo andare al luna park insieme a tutti i miei amici, ma la mamma mia ha detto che non era proprio possibile. Era un periodo in cui il nonno non stava affatto bene e lei non poteva allontanarsi da casa. Io mi sono sentita dimenticata e, per dispetto, ho messo la musica a tutto volume nella mia cameretta. La mamma è salita con le lacrime agli occhi e mi ha detto di smetterla subito, perché lei non aveva energie per gestire miei capricci. Allora ho capito il motivo per cui non mi aveva accompagnato al luna park, mi sono vergognata molto con me stessa. Quella sera sono scesa in salotto e ho chiesto scusa sia alla mamma che al nonno. Spero si rimetta presto!»

Gli episodi appena menzionati mettono in evidenza un aspetto importantissimo: se i genitori si dimostrano comprensivi e lasciano ai bimbi il tempo di comprendere il motivo di un litigio, di un divieto o di un'imposizione, i piccoli interlocutori sono disposti a rivedere le posizioni iniziali, trovando un punto d'incontro. *Tutti possono (e devono) chiedere scusa.*

Ricorda: **l'educazione è un gioco di squadra**. Non aver paura dei litigi, ma trasformali in occasioni di riconnessione e riavvicinamento in famiglia. Per dirlo con le parole di Daniele Novara in *Urlare non serve a nulla*: "Ogni conflitto è legittimo: esprime un'esigenza individuale, un bisogno che però occorre trasformare in un interesse comune, in un cambiamento favorevole a entrambi. [...] Non si tratta allora di vincere o di perdere: quando nel rapporto tra genitori e figli ci si vuole imporre, si perde tutti".

Capitolo Bonus – E quando i genitori sono separati?

Dati alla mano, il 30% delle famiglie è costituita da genitori divorziati. Le statistiche evidenziano l'esigenza di affrontare un tema, quello della separazione, che viene spesso sottovalutato. In linea generale, il famigerato «gioco di squadra» di cui abbiamo ampiamente trattato nei precedenti capitoli dev'essere gestito a priori tra la mamma e il papà, al fine di assicurare al pargolo un'organizzazione educativa sicura, pratica e, soprattutto, coerente. Tuttavia, la questione viene assai di frequente riassunta in un becero *«Quanto tempo passa con me? Quanto con te?»*. Altrettanto contro-educativa è la tendenza a rimpiazzare il partner con il bimbo, facendolo dormire nel lettone con sé. È questa una situazione estrema in cui il ragazzo perde i confini di ciò che è giusto e di ciò che è sbagliato, rivoluzionando nuovamente il suo orizzonte di abitudini, procedure e regole comportamentali all'interno delle quattro (o delle otto?) mura domestiche.

Mi racconta il padre di una ragazzina di 12 anni: «Il nonno materno ha comprato alla mia bimba un tablet con SIM privata per navigare su Internet. Ovviamente nessuno mi ha interpellato per sapere se fossi d'accordo o meno. Peccato che la geniale trovata di installare WhatsApp sia un tentativo della madre di tenersi sempre in contatto con la bimba, chiamandola più di tre volte al giorno... anche quando è con me! Io ci tengo davvero tanto a mantenere buoni rapporti con tutti, ma questa situazione mi sta mettendo a dura prova...»

Il problema è a monte. Il punto non si limita tanto alla questione logistica del «Chi lo va a prendere? Chi lo accompagna alla lezione di musica?», quanto piuttosto alle basi educative del bimbo. Quel che manca è, probabilmente, la <u>fiducia reciproca</u> tra i due tutori coinvolti nel patto formativo. Tuttavia, sono molte le famiglie in cui, al di là delle formalità giuridiche ed economiche, ci si impegna attivamente al fine di stabilire dei punti di contatto ottimali tra i due adulti.

Da un punto di vista pratico, ti suggerisco innanzitutto di organizzare degli incontri settimanali con il tuo ex-partner per analizzare i cambiamenti, le esigenze e le difficoltà del bambino. In secondo luogo, ti consiglio di rivolgerti al pargolo facendo ampio uso della prima persona plurale – in stile: «Io e la mamma lo *decidiamo* presto», «Ieri ti *abbiamo detto* che non dovevi andare alla festa di Maurizio», «Io e la mamma *abbiamo stabilito* degli orari e ti chiediamo di rispettarli» o ancora «Ricordi quello che *abbiamo deciso* l'altro giorno insieme al tuo papà?».

Tra le cattive abitudini da evitare, ricorda di tenerti alla larga dalla cosiddetta tendenza allo «scarica barile»: «Chiedi a papà/Chiedi alla mamma» è un'espressione tristemente comune, la quale trasmette al bimbo il chiaro messaggio secondo cui uno dei due tutori (o entrambi) vogliono rinunciare al proprio titolo educativo e familiare. Ti consiglio piuttosto di prendere tempo e di riflettere sulle esigenze formative in compagnia dell'altro adulto. Fallo per i tuoi figli e scoprirai che trovare punti d'incontro, nonostante la lontananza è possibile, soddisfacente e non meno emozionante.

Buon viaggio educativo!

Conclusioni

*M*io caro lettore, mia cara lettrice, il nostro viaggio alla scoperta dell'educazione infantile «*no stress*» è giunto al termine. Mi auguro che la mia avventura editoriale sia stata di tuo gradimento. Quando mi sono seduta alla scrivania con il proposito di dare alle stampe un manuale pratico e di facile consultazione, miravo innanzitutto a pubblicare un libro utile. Un manoscritto capace di insegnare ai genitori come parlare, rispettare, giocare e discutere con i propri figli. Ringrazio con tutto il cuore i miei due splendidi bimbi, i miei pazienti e i colleghi che mi hanno supportata in questo progetto. Spero, nel mio piccolo, possa lasciare una traccia tangibile in chi leggerà le mie parole. Ma voglio ringraziare soprattutto chi vorrà vivere queste pagine di riflessioni, esercizi e accorgimenti pratici in merito all'educazione infantile come <u>un'occasione di crescita e di miglioramento</u> per sé stesso e per i suoi figli.

Dopotutto, il lavoro che stringi tra le mani è il risultato di uno *sforzo comune*: un insieme di testimonianze, letterine, chiacchierate, confronti, litigi, seminari e conferenze a cui ho avuto l'onore di prendere parte in questi lunghi anni di carriera trascorsi al fianco dei genitori e dei bambini. Non ce l'avrei mai fatta senza il sostegno dolce e rincuorante di mio marito e neppure in mancanza della preziosa collaborazione con colleghi di lavoro da 110 e Lode. *Grazie, grazie, grazie!*

Se condividi i miei stessi valori formativi e questo libro ti è stato utile, mi farebbe piacere lasciassi un feedback spontaneo su Amazon e sulle altre librerie digitali al fine di aiutarmi a condividere il mio impegno pedagogico col maggior numero di genitori possibile.

Per citare le parole di Maria Montessori:

> "Più dell'elettricità, che fa luce nelle tenebre, più delle onde eteree, che permettono alla nostra voce di attraversare lo spazio, più di qualunque energia che l'uomo abbia scoperto e sfruttato, conta l'amore: di tutte le cose esso è la più importante".

Grazie per esserci stato fino alla fine,
Giada Fiore

Bibliografia

Continua ad approfondire i temi affrontati in questo libro con la lettura di questi manoscritti sul tema dell'educazione infantile e della pedagogia. La bibliografia in questione non è esaustiva, ma contiene alcuni dei libri che ho tenuto aperti sulla scrivania in fase di stesura e di riflessione.

- CHIMSKY N., Dis-educazione – Perché la scuola ha bisogno del pensiero critico

- DE SANTIS M., L'ambiente di apprendimento e la dimensione relazione nella prospettiva 0-6

- GOLEMAN D., A scuola di futuro per un'educazione realmente moderna

- MILAN G., A tu per tu con il mondo. Educarci al viaggiare interculturale nel tempo dei muri

- MONTESSORI M., Educazione per un nuovo mondo

- MONTESSORI M., La scoperta del bambino

- MONTESSORI M., La mente del bambino

- MONTESSORI M., Educazione e pace

- MONTESSORI M., Il bambino in famiglia

- NOSARI S., *Fare educazione: strutture azioni e significati*

- PENNAC D., *Diario di scuola*

- ROBINSON K., *Scuola creativa – Manifesto per una nuova educazione*

- SANTERINI M., *Pedagogia socioculturale*

Riguardo Universo Infanzia

Benvenuti in *Universo Infanzia,* un luogo dove ogni pagina è un incanto nel mondo dell'amore genitoriale e della crescita felice dei nostri piccoli tesori.

Siamo una piccola casa editrice con un cuore grande, composta da un team appassionato di genitori dedicati a offrire un sostegno autentico e ad accompagnarvi attraverso le sfide e le gioie della genitorialità. La nostra missione è trasformare ogni passo di questo straordinario viaggio in un ricordo indelebile.

Con anni di esperienza alle spalle, ci impegniamo a creare risorse educative e ispiratrici che aiutino le nuove mamme e i nuovi papà a superare le sfide della gravidanza, dell'infanzia e della crescita dei vostri bambini. I nostri libri nascono dalla nostra passione per il benessere dei piccoli e dalla determinazione a rendere l'esperienza genitoriale serena e gratificante.

Attraverso un approccio empatico e basato sull'amore, ogni pagina dei nostri libri è intrisa di saggezza, consigli pratici e storie rassicuranti. Desideriamo fornire ad ogni genitore gli strumenti per creare un ambiente amorevole e stimolante, dove i nostri bambini possano crescere felici, sani e colmi di curiosità.

Scegliere *Universo Infanzia* significa abbracciare un'educazione basata sull'amore, dove i sorrisi dei nostri bambini e il calore delle loro manine illuminano il nostro cammino. Grazie per unirvi a noi in questo meraviglioso viaggio di genitorialità. Insieme, possiamo trasformare ogni momento con i nostri piccoli in un ricordo prezioso e significativo.